tips from locals

VOR ORT
LOTTE LAMBIN

STADT
WIEN

JOB & TÄTIGKEITEN
DOZENTIN FÜR NIEDERLÄNDISCH

Lotte lebt seit 2016 in Wien und entdeckt noch jeden Tag neue Hotspots. Sie liebt die exotischen Märkte und trendigen Cafés. Lotte will alle davon überzeugen, dass Wien nicht altmodisch, sondern dynamisch und trendy ist, mit schönen Gebäuden, viel Grün, tollen Restaurants und einem pulsierenden Nachtleben.

PRAKTISCHE INFOS

Auf den sechs Routen in diesem Buch kannst du zu Fuß und in deinem eigenen Tempo die schönsten Viertel der Stadt erkunden. Die Routen führen vorbei an Museen und Sehenswürdigkeiten, aber vor allem zeigen sie dir, wo du besonders gut essen und trinken, einkaufen, genießen und Schönes entdecken kannst. Auf der Übersichtskarte vorn im Buch siehst du, durch welches Viertel die Routen führen.

Jede Route ist zu Beginn des jeweiligen Kapitels auf einem detaillierten Stadtplan genau eingezeichnet. Auch alle Adressen sind auf der Karte vermerkt. Anhand der farbigen Punkte siehst du gleich, um welche Art von Adresse es sich handelt (siehe Legende unten auf dieser Seite). Weiter hinten im Kapitel wird jede Adresse ausführlich beschrieben. Wenn du die beschriebenen Adressen nur kurz besuchst, brauchst du zwei bis drei Stunden für eine Route. Die Streckenlänge in Kilometern steht oben in der Routenbeschreibung.

PREISE

Damit du eine Vorstellung von den Restaurantpreisen bekommst, steht bei den Adressenangaben immer eine Preisangabe. Wenn nicht anders angegeben, gibt der Betrag den Durchschnittspreis für ein Hauptgericht an. Die Eintrittspreise von Sehenswürdigkeiten sind Normaltarife.

WIENER LEBENSART

Jeder kennt das klassische Wien (Sisi, Pferdekutschen). Doch dass Wien auch eine sehr trendige Stadt ist, wissen die wenigsten. Es gibt viele besondere

LEGENDE

- >> SEHENSWÜRDIGKEITEN
- >> ESSEN & TRINKEN
- >> SHOPPEN
- >> FREIZEITTIPPS

DAS BESTE VON WIEN IN 6 ROUTEN

ROUTE 1 > ALTSTADT S.18

Das imposante Zentrum erzählt die Geschichte der Stadt. Bewundere den Stephansdom, bummle durch mittelalterliche Straßen und vorbei an mondänen Geschäften und bestelle eine Sachertorte.

ROUTE 2 > ZENTRUM HOFBURG S.38

Einige der Geschäfte am Kohlmarkt und am Graben waren früher Hoflieferanten der märchenhaften Hofburg. Der Judenplatz erinnert an ein dunkles Kapitel der Geschichte.

ROUTE 3 > FREIHAUSVIERTEL S.58

Mit seiner lockeren Atmosphäre ähnelt das alternative, zentral gelegene Freihausviertel einem Dorf. Das Highlight ist der Naschmarkt mit exotischen Produkten und Essständen.

ROUTE 4 > ALSERGRUND & KARMELITER S.78

Der Alsergrund ist das Universitätsviertel. Rund um den Karmelitermarkt locken viele trendige Cafés und Boutiquen. Auch der Augarten und der Donaukanal sind schön.

ROUTE 5 > NEUBAU & MARIAHILF S.98

Die Seitenstraßen der Mariahilfer Straße sind voller besonderer Geschäfte. Kulturinteressierte kommen im MuseumsQuartier auf ihre Kosten.

ROUTE 6 > JOSEFSTADT & YPPENPLATZ S.118

Das Studentenviertel bietet gemütliche Bars und nette Geschäfte. Der Brunnenmarkt und der Yppenplatz bieten multikulturelle Restaurants und Märkte.

HAPPY TIME GUIDE WIEN

Steige aus dem Flugzeug und tauche direkt in das neueste und angesagteste Café im Viertel ein. Erfahre, wo du den besten Fisch der Stadt essen oder ein lokal gebrautes Bier trinken kannst. Im **happy time guide** teilen unsere einheimischen Autorinnen und Autoren voller Begeisterung die echten Highlights der Stadt mit dir. So umgehst du die quirligen Haupteinkaufsstraßen und gelangst zu den schönsten Conceptstores, immer wieder unterbrochen von einem Zwischenstopp bei einer Sehenswürdigkeit. Genieße jede Sekunde und mache das Beste aus deiner Städtereise. 100 Prozent GOOD TIME!

AUF NACH WIEN!

Du wirst Wien entdecken! Mit seinen vielen Parks und seiner guten Infrastruktur ist Wien aus gutem Grund die lebenswerteste Stadt der Welt. Uns gefällt besonders an Wien, dass es eine Stadt der Extreme ist. Klassisch und modern, chic und street, kaiserlich und volkstümlich, Ost und West. Das klassische Bild von Sisi und Pferdekutschen kennt jeder. Und vielleicht hast du auch von den Weinstuben in den Hügeln rund um die Stadt gehört. Dass Wien aber auch eine sehr hippe Stadt ist, wissen nur wenige. Vor allem in den Bezirken, die an den Ring grenzen, findest du außergewöhnliche Boutiquen von (österreichischen) Designern, tolle Geschäfte und trendige Restaurants und Cafés.
Wir zeigen dir, wo.

Mit dem **happy time guide** kannst du bummeln, die Stadt in deinem eigenen Tempo erkunden und den lokalen Lifestyle kennenlernen. Ohne dich groß vorzubereiten. Unsere Routen führen dich zu beliebten Restaurants, Cafés, Museen, Galerien, Geschäften und Sehenswürdigkeiten: die Orte in der Stadt, die wir selbst gern besuchen und genießen. Es könnte also sein, dass wir uns zufällig treffen.

Keine der Adressen, die wir beschreiben, hat für die Erwähnung bezahlt, weder für Text noch für Fotos. Sämtliche Texte wurden von einer unabhängigen Redaktion verfasst.

Boutiquen von (österreichischen) Designern, nette Geschäfte und trendige Restaurants und Cafés. Von Mai bis Mitte September kannst du in einer der zahlreichen Strandbars entlang des Donaukanals mit den Füßen im Sand Cocktails trinken. Oder du besuchst einen der zahlreichen Heurigen (Weinlokale) in den Hügeln rund um die Stadt mit schönem Blick über Wien. Die Freibäder sind auf jeden Fall einen Besuch wert. Du kannst auch in der neuen oder alten Donau schwimmen. Von Mitte November bis zum 24. Dezember gibt es überall in der Stadt Weihnachtsmärkte, auf denen sich die Wiener gern treffen und am Abend einen Punsch trinken. In den Wintermonaten gibt es auf den Hügeln in der Stadt und auf den Bergen in der Umgebung zahlreiche Möglichkeiten zum Schlittenfahren.

Wiener sind echte Genussmenschen. Kaffeehäuser, Cafés und Restaurants sind auch an Wochentagen gut besucht. Die Esskultur hat sich in den letzten Jahren verändert. Natürlich findest du noch immer traditionelle österreichische Gerichte wie Wiener Schnitzel, Knödel und Tafelspitz (gekochtes Rindfleisch), aber in den letzten Jahren sind viele internationale Restaurants und moderne Cafés hinzu-

JOSEFSTÄDTER STRASSE

gekommen. Es gibt zahlreiche Restaurants, die ausschließlich Bio-Produkte verwenden. Normalerweise wird mittags warm gegessen und dabei ein Wein oder ein Bier getrunken. Die Weine der Region sind sehr gut. Auswärts essen ist für unsere Begriffe nicht so teuer. Für ein einfaches Hauptgericht zahlt man etwa 9 Euro und die Portionen sind nicht klein. Stecke Bargeld ein, denn es gibt noch viele Restaurants, die keine Kreditkarten akzeptieren.

Der Kaffee mit Zigarette ist vielen Wienern heilig. Das bedeutet, dass in einigen Cafés und Restaurants immer noch geraucht werden darf, auch wenn dies sehr umstritten ist. Offiziell muss es einen Raucher- und einen Nichtraucherbereich geben, aber das ist nicht selbstverständlich.

An jeder Straßenecke gibt es eine Konditorei, in der man Torten und Gebäck kaufen kann. Sachertorte und Apfelstrudel sind die bekanntesten, aber auch Krapfen mit Vanille- oder Aprikosenfüllung sind überall zu finden. Hunger auf etwas Herzhaftes? Vielerorts findest du einen Würstelstand mit verschiedenen Würstchensorten.

Wien ist die Heimat zahlreicher Museen. Es werden viele Festivals und Veranstaltungen organisiert. Weitere Informationen gibt es unter www.vienna.info.

GUT ZU WISSEN

Die Geschäfte sind in der Regel werktags von 10.00 bis 18.30 Uhr und samstags von 10.00 bis 17.00 Uhr geöffnet. Viele kleine Boutiquen schließen am Samstagmittag bereits um 13.00 Uhr. Sonntags ist alles geschlossen.

Mit der Vienna Card kannst du 24, 48 oder 72 Stunden unbegrenzt mit U-Bahn, Straßenbahn und Bus fahren. Außerdem erhältst du Ermäßigungen auf die Eintrittspreise der Museen und in vielen Cafés, Restaurants und Theatern. Die Karte ist in den meisten Hotels erhältlich, online beim Fremdenverkehrsbüro am Albertinaplatz und an großen U-Bahn-Stationen wie dem Westbahnhof. Ausführliche Informationen findest du unter www.vienna.info.

Wien ist eine der sichersten Städte der Welt, aber Taschendiebe sind auch hier aktiv, also achte darauf, deine Tasche vor dir zu tragen.

FEIERTAGE

An Feiertagen sind die Geschäfte geschlossen und die Öffnungszeiten der Sehenswürdigkeiten können abweichen. Neben Neujahr, Ostern, Christi Himmelfahrt, Pfingsten und Weihnachten hat Österreich noch folgende Feiertage:

6. Januar > Heilige Drei Könige
1. Mai > Tag der Arbeit
2. Donnerstag nach Pfingsten > Fronleichnam
15. August > Mariä Himmelfahrt
26. Oktober > Nationalfeiertag
1. November > Allerheiligen
8. Dezember > Mariä Empfängnis

HAST DU NOCH TIPPS?

Wir haben diesen Reiseführer mit größtmöglicher Sorgfalt zusammengestellt. Das Angebot an Läden und Restaurants wechselt in Wien jedoch fortwährend. Wir sind bemüht, die Routen und Adressen auf dem aktuellen Stand zu halten, und überarbeiten diesen Reiseführer regelmäßig. Wenn du trotzdem eine Adresse nicht mehr finden kannst oder andere Anmerkungen oder Tipps zu diesem Reiseführer hast, dann lass es uns wissen. Schreib uns eine E-Mail an lektorat@verlagshaus.de.

VERKEHR

Vom **Flughafen** Wien-Schwechat erreichst du das Stadtzentrum bequem mit öffentlichen Verkehrsmitteln. Die komfortablen Busse der **Vienna Airport Lines** verkehren alle 30 Minuten zwischen dem Flughafen und mehreren Orten in der Stadt (Südbahnhof, Westbahnhof und Schwedenplatz). Die Fahrt dauert 20 Minuten und eine Fahrkarte kaufst du beim Fahrer. Eine Einzelkarte kostet 8 Euro. Wenn du mit dem Zug fahren möchtest, gibt es zwei Optionen. Der **CAT** (City Airport Train) fährt jede halbe Stunde zum Bahnhof Wien Mitte. Die Fahrt dauert 16 Minuten und die Hin- und Rückfahrkarte (30 Tage gültig) kostet 21 Euro. Du kannst auch mit dem „normalen" Zug nach Wien Mitte fahren, der sogenannten

LEMONAID+
Fresh Fairtrade Lemona

2
1346

Schnellbahn 7. Dieser Zug fährt ebenfalls jede halbe Stunde, braucht aber 25 Minuten. Doch die Fahrkarte ist viel billiger; ein Einzelfahrschein kostet 4,20 Euro. Zugfahrkarten kannst du am Fahrkartenautomaten kaufen. Siehe www.viennaairport.com. Eine Taxifahrt ins Stadtzentrum kostet rund 38 Euro.

Die öffentlichen Verkehrsmittel in Wien sind außergewöhnlich gut. **Busse**, **Straßenbahnen** und **U-Bahnen** sind sauber und sicher und fahren häufig und pünktlich. Die U-Bahn hat fünf Linien und ist praktisch, wenn man lange Strecken zurücklegt. Oft muss man nur einige Minuten warten und erreicht dann recht zügig den Zielort. Die U-Bahn fährt von 5.00 Uhr bis 24.00 Uhr; nachts fahren Nachtbusse durch die ganze Stadt. An Wochenenden und Feiertagen fahren die U-Bahnen auch nachts. Eine Karte mit den U-Bahn-Linien findest du hinten im Buch. Außerdem durchqueren 30 **Straßenbahn-** und 74 **Buslinien** (Stadtbus) das Stadtgebiet. Fahrkarten können in den U-Bahn-Stationen und in Tabakläden gekauft werden. In der Straßenbahn und im Bus bezahlst du mehr. Eine Fahrkarte für eine Einzelfahrt, bei der du auf andere Verkehrsmittel umsteigen kannst, kostet 2,40 Euro (2,50 Euro in Straßenbahn oder Bus). Eine Tageskarte für alle öffentlichen Verkehrsmittel kostet 8 Euro und eine Dreitageskarte 17,10 Euro. Vergiss nicht, deine Karte abzustempeln. Weitere Informationen unter www.wienerlinien.at.

Taxis in Wien sind im Allgemeinen zuverlässig und recht günstig. Du kannst sie auf der Straße anhalten, indem du die Hand hebst, oder du bestellst es direkt. Die Wartezeit ist selten länger als 4 Minuten. Bestell ein Taxi per Telefon bei einer Taxizentrale unter 01 601 60 oder 01 40 100.

Sightseeing ist einfach mit der **Vienna Ring Tram** (www.wienerlinien.at), die eine Runde über die Ringstraße fährt. In einer halben Stunde siehst du eine große Anzahl berühmter Gebäude und Sehenswürdigkeiten. Du kannst an jeder Straßenbahnhaltestelle am inneren Ring einsteigen. Eine 30-minütige Runde kostet 12 Euro. Tipp: Straßenbahnlinie D verläuft vom Schottentor zum Belvedere und führt an vielen Sehenswürdigkeiten vorbei. Mit dem Einzelfahrschein für 2,40 Euro kannst du einfach einsteigen.

RAD FAHREN

Wien wird immer mehr zu einer Fahrradstadt, auch dank städtischer Initiativen. Die Einheimischen nutzen das **Fahrrad** immer häufiger als tägliches Verkehrsmittel. Die Stadt ist relativ flach und verfügt über 1200 Kilometer Radwege. Anders als in den Niederlanden oder Belgien tragen viele Radfahrer in Wien einen Helm. Für Kinder bis 12 Jahre ist er sogar vorgeschrieben. In der U-Bahn kannst du werktags zwischen 9.00 und 15.00 Uhr und nach 18.30 Uhr kostenlos das Rad mitnehmen. Am Wochenende und an Feiertagen ist das ganztags möglich.

Du kannst bei **Citybike Wien** (www.citybikewien.at) an über 100 Standorten in der Stadt ein Fahrrad mieten. Mit einer Kreditkarte meldest du dich für 1 Euro an. Die erste Stunde ist kostenlos, danach zahlst du ein paar Euro pro Stunde. Das Fahrrad kann an jedem Stellplatz zurückgegeben werden. Bitte beachte, dass pro Kreditkarte nur ein Fahrrad ausgeliehen werden kann. Möchtest du mehr Fahrräder mieten? Dann kaufe an der Radstation im Hauptbahnhof eine Citybike-Touristenkarte für 2,50 Euro pro Person und Tag. Die erste Stunde ist kostenlos, danach zahlst du pro Stunde.

Die Ringstraße, die rund um das Stadtzentrum verläuft, eignet sich gut für eine Fahrradtour. Auch auf der Donauinsel, im Prater und entlang des Donaukanals gibt es Radwege. Wenn du ausreichend Kondition hast, kannst du mit dem Rad nach Norden aus der Stadt heraus in die Weinberge fahren. Auf dem Wientalradweg kommst du über den Naschmarkt bis zum Schloss Schönbrunn. Radbegeisterte können bis zum Lainzer Tiergarten weiterfahren. Ausführliche Wegbeschreibungen findest du unter www.fahrradwien.at/alltag-am-rad/radwege.

Unter www.fahrradwien.at kannst du eine kostenlose App herunterladen, um die beste Route zu planen und Citybike-Stationen zu finden. Diejenigen, die immer noch lieber mit einer Karte unterwegs sind, können die kostenlose Radkarte im Rathaus, in öffentlichen Bibliotheken und in anderen städtischen Gebäuden kostenlos abholen. Bei Vienna Explorer (U-Bahn-Station Schottenring, www.viennaexplorer.com) kannst du Fahrräder mieten und eine Stadtrundfahrt oder eine Tour durch die Weinberge in der nahen Wachau buchen.

citybike
ANNA JELLER
30
Zone
AUTOBUS
40
STELLE
Schneckt
umwerfend
1000 × TIS

ZUCKERBÄCKER
STIEGE

TOP 10 RESTAURANTS

1 **Gmoakeller**: Tafelspitz und andere Klassiker > Am Heumarkt 25

2 Asiatisch und sehr beliebt: **Kim Kocht** > Währinger Straße 46

3 **Mittendrin** verbindet Gastronomie mit Nächstenliebe > S. 86

4 Lass dich auf Japanisch im **Mochi** überraschen > S. 90

5 Original Tacos und Margaritas: **Los Mexikas** > Lange Gasse 12

6 Bio-Lebensmittel im Museum bei **Café Hildebrandt** > S. 125

7 Tolle Burger in der **Weinschenke** > S. 69

8 Österreichische Spezialitäten modern interpretiert bei **Salonplafond** > S. 30

9 **Heuriger Sirbu**: super Aussicht > Kahlenberger Straße 210

10 Köstlichkeiten aus dem Nahen Osten: **Naschmarkt Deli** und **Neni** > S. 66

TOP 10 KUNST & KULTUR

1 Den gotischen **Stephansdom** darfst du nicht verpassen > S. 22

2 **Secessionsgebäude**: Wiener Jugendstil vom Feinsten > S. 62

3 Besuche eine Ausstellung im **MuseumsQuartier** > S. 114

4 Prüfe selbst die Akustik des **Musikvereins** > S. 76

5 Eine Oper oder ein Ballett in der **Wiener Staatsoper** > S. 22

6 Bewundere die Meister in der erhabenen **Albertina** > S. 22

7 Besuche das schöne **Schloss Schönbrunn** > S. 138

8 Die imposante **Karlskirche** ist ein echtes Juwel > S. 62

9 Für Geschichtsliebhaber: das **Esperanto-Museum** > Herrengasse 9

10 **Sigmund Freud Museum**: Schau dir die Vorkriegswohnungen an > S. 82

TOP 10 KAFFEE & KUCHEN

1 **Café Sperl**: Wiener Grandezza mit etwas Nostalgie > S. 105

2 Schau bei der Herstellung der süßen Leckereien zu: **Hofzuckerbäckerei Demel** > S. 54

3 Versuche einmal, kein Buch zu kaufen: **Phil** > S. 105

4 Auch mitten in der Nacht hat das **Café Drechsler** geöffnet > S. 66

5 **Viola**: leckeres Gebäck mit Kaffee > S. 126

6 Das hippe **Motto am Fluss** liegt am Wasser > S. 33

7 Hausgemachte Leckereien in der **Kurkonditorei Oberlaa** > S. 29

8 Konditorei **Aïda**: alles in Rosa und herrlich retro > S. 53

9 **Kleines Café** mit einer wunderbar intimen Atmosphäre > S. 29

10 **Kaffee Alt Wien** zieht ein intellektuelles Publikum an > S. 33

3

9

TOP 10 SONNTAG

1 Zeitgenössische Kunst in der **Albertina Modern** > S. 62

2 Ein Zoo in einem Bunker: **Haus des Meeres** > S. 117

3 Chormusik in der barocken **Jesuitenkirche** > S. 26

4 Am Nachmittag spielt ein Pianist Jazz im **Café Central** > S. 49

5 Radfahren rund um die **Donauinsel** > U-Bahn Donauinsel

6 Kirmesvergnügen im **Wurstelprater** > p. 141

7 **Vollpension**: auf Stippvisite bei „Oma“ > S. 66

8 Spaziergang durch den Garten des **Belvedere** > S. 140

9 Besuch bei den Dinosauriern im **Naturhistorischen Museum** > S. 42

10 Filmabend im Fünziger-Jahre-Kino **Filmcasino** > S. 77

ROUTE 1

ALTSTADT

INFOS ZUR ROUTE

Diese etwa einstündige Route – ohne Zwischenstopps – führt vorbei an vielen Sehenswürdigkeiten wie Wiener Staatsoper, Albertina und Stephansdom. Aufgrund ihres Schwerpunkts auf Geschichte und Kultur empfiehlt sich diese Route besonders für den ersten Besuch in Wien. Du kannst auch einen Einkaufs- oder Schaufensterbummel unternehmen oder einen schönen Park besuchen. Außerdem bietet sich dir hier eine große Auswahl an Cafés. Die Strecke ist für Radfahrer weniger geeignet.

DAS VIERTEL

Im Zentrum der Altstadt, auch bekannt als 1. Bezirk, findest du das historische Wien. Hier ist alles herrschaftlich und exklusiv. Es gibt schicke Geschäfte und prächtige Gebäude, von denen eines beeindruckender ist als das andere. Die Immobilien hier haben die höchsten Miet- und Kaufpreise der Stadt. Es gibt Stadtpaläste, die in Wohnungen umgewandelt wurden. Die Atmosphäre ist typisch wienerisch: vornehm und manchmal ein wenig distanziert.

Der **Stephansdom** mit seinem 137 Meter hohen Turm aus dem 15. Jahrhundert ist das Herz von Wien. Kein anderes Gebäude wird von den Wienern so sehr verehrt wie ihr „Steffl" (kleiner Stefan). Die überwältigende Kirche ist immer überfüllt, meist mit Touristen. Im Sommer gibt es viele Straßenkünstler. Vom Stephansdom bis zur imposanten **Wiener Staatsoper** verläuft die breite Kärntner Straße. Früher war dies eine luxuriöse Einkaufsstraße, aber heute sind hier die großen Ketten zu Hause. Neben belebten Einkaufsstraßen findest du ruhige mittelalterliche Gassen und viele herrschaftliche Gebäude aus dem 19. Jahrhundert. Ein idyllisches Plätzchen hinter dem Stephansdom ist der **Franziskanerplatz**. Dieser Platz hat eine Kirche, ein Café mit Terrasse, ein Kloster und einen Springbrunnen. Rund um den **Neuen Markt** gibt es Antiquitätengeschäfte und Schmuckboutiquen.

Die **Ringstraße** verläuft rund um das Stadtzentrum. Diese breite, gut vier Kilometer lange Allee wurde 1857 angelegt, nachdem Kaiser Franz Joseph I. mit seinem Erlass „Es ist mein Wille" bestimmt hatte, dass die alten Stadtmauern abgerissen werden mussten. Am Ring befinden sich eine Reihe renommierter Hotels und einige der prächtigsten Gebäude Wiens, wie die imposante Staatsoper und das Rathaus.

WENIG ZEIT? DAS SIND DIE HIGHLIGHTS:
STEPHANSDOM + ALBERTINA + GRIECHENGASSE + WIENER STAATSOPER + HAUS DER MUSIK

TIPPS

// Beim ersten Besuch auf keinen Fall verpassen
// Fokus auf Kultur und Geschichte
// Guter erster Eindruck von der Stadt

ALTSTADT

1. Stephansdom
2. Haas & Haas
3. Manner
4. Do & Co
5. Kurkonditorei Oberlaa
6. Le Bol
7. Kaisergruft
8. Lobmeyr
9. Albertina
10. Würstelstand
11. Palmenhaus
12. Wiener Staatsoper
13. Plachuttas Gasthaus zur Oper
14. Haus der Musik
15. Die Vermischte Warenhandlung
16. Aichinger, Bernhard & Comp.
17. Franziskanerkirche
18. Kleines Café
19. Mozarthaus
20. Miznon
21. Stadtpark
22. MAK
23. Salonplafond (im MAK)
24. Café Prückel
25. Schneeweiss
26. Herzilein Papeterie
27. Café Diglas
28. Labstelle
29. Bäckerstraße 7
30. Kaffee Alt Wien
31. Jesuitenkirche
32. Griechenkirche
33. Fenster Cafe
34. Griechengasse
35. Eissalon am Schwedenplatz
36. Motto am Fluss

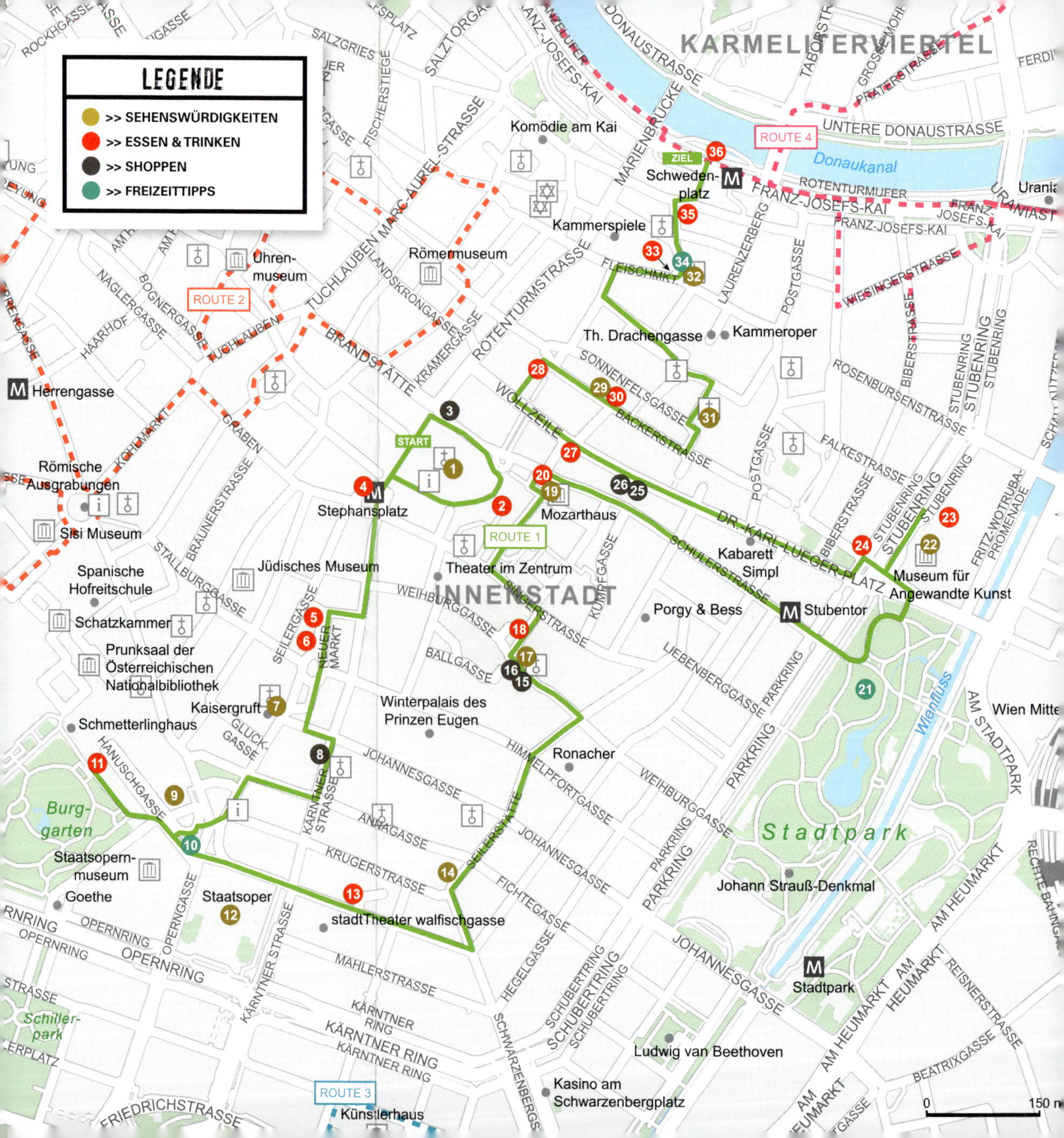
LEGENDE
>> SEHENSWÜRDIGKEITEN
>> ESSEN & TRINKEN
>> SHOPPEN
>> FREIZEITTIPPS
KARMELITERVIERTEL
INNENSTADT
ROUTE 1
ROUTE 2
ROUTE 3
ROUTE 4
START
ZIEL
Donaukanal
Komödie am Kai
Schweden-platz
Kammerspiele
Römermuseum
Uhren-museum
Th. Drachengasse
Kammeroper
Herrengasse
Römische Ausgrabungen
Sisi Museum
Spanische Hofreitschule
Schatzkammer
Prunksaal der Österreichischen Nationalbibliothek
Kaisergruft
Schmetterlinghaus
Burg-garten
Staatsopern-museum
Goethe
Staatsoper
Stephansplatz
Jüdisches Museum
Theater im Zentrum
Mozarthaus
Kabarett Simpl
Porgy & Bess
Stubentor
Museum für Angewandte Kunst
Winterpalais des Prinzen Eugen
Ronacher
stadtTheater walfischgasse
Stadtpark
Wienfluss
Wien Mitte
Johann Strauß-Denkmal
Ludwig van Beethoven
Kasino am Schwarzenbergplatz
Künstlerhaus
Schiller-park
Urania
DONAUSTRASSE
UNTERE DONAUSTRASSE
FRANZ-JOSEFS-KAI
ROTENTURMUFER
MARIENBRÜCKE
SALZGRIES
FISCHERSTIEGE
SALZTORGASSE
ROCKHGASSE
TABORSTRASSE
GROSSE MOHRENGASSE
PRATERSTRASSE
URANIASTRASSE
MARC-AUREL-STRASSE
TUCHLAUBEN
LANDSKRONGASSE
ROTENTURMSTRASSE
FLEISCHMKT.
LAURENZERBERG
POSTGASSE
WIESINGERSTRASSE
BIBERSTRASSE
STUBENRING
ROSENBURSENSTRASSE
SONNENFELSGASSE
BÄCKERSTRASSE
WOLLZEILE
DR.-KARL-LUEGER-PLATZ
SCHULERSTRASSE
FALKESTRASSE
FRITZ-WOTRUBA-PROMENADE
KRAMERGASSE
BRANDSTÄTTE
BOGNERGASSE
NAGLERGASSE
HAARHOF
AM HOF
KOHLMARKT
GRABEN
BRAUNERSTRASSE
STALLBURGGASSE
WEIHBURGGASSE
SINGERSTRASSE
KUMPFGASSE
SEILERGASSE
NEUER MARKT
BALLGASSE
LIEBENBERGGASSE
PARKRING
HIMMELPFORTGASSE
GLUCKGASSE
HANUSCHGASSE
KÄRNTNER STRASSE
JOHANNESGASSE
ANNAGASSE
KRUGERSTRASSE
SEILERSTÄTTE
FICHTEGASSE
OPERNGASSE
OPERNRING
MAHLERSTRASSE
KÄRNTNER RING
HEGELGASSE
SCHUBERTRING
SCHWARZENBERGSTRASSE
FRIEDRICHSTRASSE
AM HEUMARKT
REISNERSTRASSE
BEATRIXGASSE
AM STADTPARK
0
150 m

BESCHREIBUNG ROUTE 1 (ca. 5 km)

Diese Route beginnt am Stephansdom 1. Gehe rechts von der Kirche an einem Teesalon vorbei 2. Laufe weiter entlang der Kirche und kaufe Wiener Schokowaffeln 3. Gehe zurück zum Eingang der Kirche und an dem verspiegelten Gebäude 4 vorbei und geradeaus zur Kärntner Straße; hier findest du viele Geschäfte. Gehe rechts bei der Kupferschmiedgasse zum Neuen Markt. Hier kannst du eine köstliche Torte 5 oder ein französisches Croissant 6 essen, das Grab von Sisi 7 besichtigen und einen Tisch für den Abend reservieren. Biege links und sofort wieder rechts ab, um zurück zur Kärntner Straße zu gelangen. Laufe an alten Kronleuchtern vorbei 8 und biege rechts in die Führichgasse. Nimm die erste Straße links zum Museum Albertina 9 10. Hinter dem Museum befindet sich das Palmenhaus 11. Gehe zurück und überquere die Philharmoniker Straße, wo das berühmte Sacherhotel liegt, ebenso die Wiener Staatsoper 12. Gehe weiter für ein Schnitzel 13 und biege am Ende der Straße links ab. Kehre rechts in die Seilerstätte ein und tauche ein in die Welt der Musik 14. Hinter dem Ronacher-Theater biege links in die Weihburggasse ein. Auf der linken Seite siehst du zwei schöne Geschäfte 15 16. Am Franziskanerplatz biege nach rechts, wo du eine Kirche 17 und ein kleines Café 18 entdeckst. An der T-Kreuzung biege nach links ab. Nimm die zweite Straße rechts, die Blutgasse, und laufe weiter bis zum Mozarthaus 19. Biege links in die Domgasse ein und dann um die Ecke zu einem israelischen Imbiss 20. Dann geht's weiter nach rechts in die Schulerstraße, die du bis zum Ende gehst, bis du den Parkring erreichst. Überquere die Straße und du kommst zum Stadtpark, zu einem Museum und einem Restaurant 21 22 23. Überquere wieder den Parkring zurück und trinke einen Kaffee in einem schönen Wiener Kaffeehaus 24. Setze deinen Weg auf der Wollzeile fort. Hier kannst du Kleidung 25 oder schöne Schreibwaren 26 kaufen. Nimm hinter dem Kaffeehaus 27 den Durchgang auf der rechten Seite. Am Ende findest du links ein gutes Restaurant 28. Biege rechts in die Bäckerstraße 29 und gehe an der Kneipe 30 vorbei bis zu einem Platz mit einer Kirche 31. Biege nach links und in der Kurve nach rechts in den Heiligenkreuzerhof ein. Gehe geradeaus weiter zur Grashofgasse, die zum Fleischmarkt führt. Spaziere bis zur Griechenkirche 32 und gehe hinunter, trinke einen *coffee to go* 33 und laufe weiter durch eine historische Gasse 34. Genieße am Schwedenplatz ein Eis 35 oder einen Cocktail am Wasser 36.

SEHENSWÜRDIGKEITEN

① Der **Stephansdom**, dessen älteste Teile auf das 12. Jahrhundert zurückgehen, ist das Symbol der Stadt. Die gotische Kirche hat vier Türme. Nur der 137 Meter hohe Südturm wurde fertiggestellt. Besonders beeindruckend sind der Altar, die Kanzel und die Katakomben mit den sterblichen Überresten von Habsburger Fürsten und 12 000 Bürgern, die an der Beulenpest starben. Erklimme die 343 Stufen des Turms und genieße den wunderbaren Blick auf die Stadt.
Stephansplatz 3, www.stephanskirche.at, Tel. 01515523054, Mo–Sa 6.00–22.00, So 7.00–22.00, Führung Kirche & Katakomben Mo–Sa 9.00–11.30 & 13.00–16.30, So 13.00–16.30 Uhr, Eintritt frei, Führung nur Kirche oder Katakomben 6,50 €, Führung Kirche & Katakomben 13 €, U-Bahn U1/U3 Stephansplatz

⑦ Die **Kaisergruft** beherbergt die sterblichen Überreste der Kaiser und Kaiserinnen der österreichisch-ungarischen Monarchie. Über dem Eingang zu den Krypten ist „Silentium" eingraviert und auch heute noch wird die Stille geschätzt. Das Grab von Sisi zieht die Blicke auf sich: Noch immer werden hier täglich Blumen niedergelegt.
Tegetthoffstraße 2, www.kapuzinergruft.com, Tel. 015126853, tägl. 10.00–18.00 Uhr, Eintritt 7,50 €, U-Bahn U1/U3 Stephansplatz

⑨ Die **Albertina** ist nach ihrem Gründer Erzherzog Albert von Sachsen-Teschen benannt. Das Museum verfügt über die weltweit größte Sammlung grafischer Kunst, unter anderem mit Werken von Rembrandt und Da Vinci. Hier gibt es auch eine große Sammlung mit Werken von Monet, Picasso, Schiele und Klimt.
Albertinaplatz 1, www.albertina.at, Tel. 01534830, tgl. 10.00–18.00 Uhr, Eintritt 16,90 €, U-Bahn U1/U2/U4 Karlsplatz

⑫ Man kann es sich heute kaum noch vorstellen, aber als die **Wiener Staatsoper** 1869 eröffnet wurde, fand man das Gebäude nicht beeindruckend genug. Die Innenräume mit dem schönen Foyer, den Wandteppichen und dem Marmorsaal sind zu besichtigen. Eintrittskarten für eine Opern- oder Ballettaufführung sind ab einem Monat im Voraus verfügbar.
Opernring 2, www.wiener-staatsoper.at, Tel. 01514442250, tgl. 10.00–21.00 Uhr, Eintritt rund 70 €, Stehplatz ab 3 €, Führung 9 €, U-Bahn U1/U2/U4 Karlsplatz

12

1

17

31

14

(14) Im **Haus der Musik** wohnte früher Otto Nicolai, Gründer der Wiener Philharmoniker. Am schönsten ist es, wenn nicht zu viel los ist. Hier kannst du selbst ein Orchester dirigieren, beeindruckende Klanginstallationen sehen und alles über die Geschichte der Musik, der Klänge und Klanghöhen erfahren ...
Seilerstätte 30, www.hdm.at, Tel. 015134850, tgl. 10.00–22.00 Uhr, Eintritt 14 €, U-Bahn U4 Stadtpark

(17) Die **Franziskanerkirche** (1603) verbirgt hinter einer unauffälligen Fassade ein prächtiges Interieur. Blickfang ist der theatralische Hochaltar mit der Jungfrau Maria, der 1707 von Andrea Pozzo entworfen wurde. Über dem Eingang befindet sich die älteste Orgel der Stadt.
Franziskanerplatz 4, wien.franziskaner.at, Tel. 015124578, tgl. 9.00–12.00 Uhr, Eintritt frei, U-Bahn U1/U3 Stephansplatz

(19) Einer der berühmten Komponisten, die in der „Stadt der Musik" lebten, war Mozart. Von 1784 bis 1787 wohnte er mit seiner Familie in dem Gebäude, das heute das **Mozarthaus** ist. Hier kannst du dir ansehen, wie er seine Tage verbrachte, was ihn beschäftigte und wer seine Freunde waren.
Domgasse 5, www.mozarthausvienna.at, Tel. 015121791, tgl. 10.00–18.00 Uhr, Eintritt 11 €, U-Bahn U1/U3 Stephansplatz

(22) Das **MAK** (Museum für angewandte Kunst) wurde 1864 als Museum für Kunst und Industrie gegründet. Seitdem ist es zu einem der führenden Museen für angewandte Kunst geworden. Du findest hier Möbel, Gebrauchsgegenstände und Skizzen von unter anderem Josef Hoffmann und Koloman Moser.
Stubenring 5, www.mak.at, Tel. 01711360, Di 10.00–21.00, Mi–So 10.00–18.00 Uhr, Eintritt 14 €, U-Bahn U3 Stubentor

(29) Die Bäckerstraße ist voller geheimer Durchgänge und alter Herrenhäuser mit Wappen. Die Straße ist nach den vielen Bäckern benannt, die hier früher wohnten. Im Hof der **Bäckerstraße 7** befinden sich die Überreste eines Pferdestalls aus dem 18. Jahrhundert, mit ursprünglichen Tränken, die noch an der Wand befestigt sind. Achte auf den schönen schmiedeeisernen Balkon. Hinter den alten Renaissance-Fassaden gibt es eine Reihe kleiner Galerien.
Bäckerstraße 7, U-Bahn U1/U3 Stephansplatz

(31) Die barocke **Jesuitenkirche** wird auch als Wiener Universitätskirche bezeichnet. Sie wurde zu Beginn des 17. Jahrhunderts erbaut und zwischen 1702 und 1709 von Andrea Pozzo umgebaut. Die Kirche hat ein schönes, fast kitschiges Inneres. Wenn du auf den weißen Fliesen im Gang stehst und nach oben schaust, kannst du die Deckengemälde gut sehen. Sie sind so gestaltet, dass es aussieht, als gäbe es Kuppeln im Dach.

Dr.-Ignaz-Seipel-Platz 1, jesuitenkirche-wien.at, tgl. 8.00–18.00 Uhr, Eintritt frei, U-Bahn U3 Stubentor

(32) Die **Griechenkirche** fällt durch ihre byzantinische Backsteinfassade auf. Die kleine griechisch-orthodoxe Kathedrale steht in dem Gebiet, in dem sich im 18. Jahrhundert viele Griechen niederließen. Sie wurde 1787 erbaut. Davor waren nur römisch-katholische Kirchen in Wien erlaubt gewesen. Im Inneren gibt es griechisch-orthodoxe Ikonen und einen beeindruckenden Bischofsthron.

Fleischmarkt 13, Tel. 015333889, wechselnde Öffnungszeiten, Eintritt frei, U-Bahn U1/U4 Schwedenplatz

ESSEN & TRINKEN

(2) Teeliebhaber sollten bei **Haas & Haas** vorbeischauen. Im Café kann man aus über 200 verschiedenen Teesorten aus der ganzen Welt wählen. Es werden passende Brunch- oder Mittagsgerichte serviert. Die versteckt liegende und entspannte Terrasse so nah am geschäftigen Stephansdom ist ein echter Tipp.

Stephansplatz 4, www.haas-haas.at, Tel. 015122666, Mo–Sa 8.00–20.00 Uhr, So 9.00–18.00 Uhr, Brunch 14 €, U-Bahn U1/U3 Stephansplatz

(4) Die Meinungen über das von Hans Hollein entworfene verspiegelte Gebäude, in dem sich **Do & Co** befindet, sind geteilt. Von der Lounge aus hast du einen wunderbaren Blick auf das bunte Dach des Stephansdoms. Im Restaurant kannst du Spezialitäten aus der ganzen Welt bestellen. Probiere das uruguayische Steak oder den exklusivsten Döner aller Zeiten. Herren ohne Jackett werden abgewiesen und eine Reservierung am Abend ist erforderlich.

Stephansplatz 12, www.docohotel.com/de/restaurant, Tel. 0124188, tgl. 12.00–15.00 & 18.00–23.00 Uhr, Döner 29 €, U-Bahn U1/U3 Stephansplatz

31

GIORGIO ARMANI
RESTAURANT
LEVANTE

(5) In der bekannten **Kurkonditorei Oberlaa** werden alle Produkte von Hand gefertigt. Die Zutaten sind vom Feinsten: beste Schokolade, echte Butter und frische Nüsse. Vor allem vornehme Wienerinnen kommen hierher, um eine Torte zu kaufen. Oberlaa gibt es überall in der Stadt, aber hier ist es am authentischsten.
Neuer Markt 16, www.oberlaa-wien.at, Tel. 015132936, tgl. 8.00–20.00 Uhr, Apfelstrudel 3,90 €, U-Bahn U1/U3 Stephansplatz

(6) Im **Le Bol** kannst du ein echtes französisches Croissant, eine Quiche oder einen Salat am großen Lesetisch zu dir nehmen. Der Milchkaffee wird in einem großen Becher serviert und die *tarte au citron* dazu ist köstlich. Die Einrichtung ist typisch französisch mit Apothekerschränken und kleinen Fliesen an der Wand. Du kannst verschiedene Schokoladen-Fondues zum Mitnehmen kaufen.
Neuer Markt 14, www.lebol.at, Tel. 069910301899, Mo–Sa 8.00–23.00, So 9.00–23.00 Uhr, Mittagsmenü 8,50 €, U-Bahn U1/U3 Stephansplatz

(11) Die Brasserie **Palmenhaus** befindet sich in einem schönen Jugendstilgewächshaus. Sie ist eine beliebte Adresse für Touristen und Einheimische. Einige Leute behaupten, dass man hier das beste Steak Wiens bekomme.
Burggarten 1, www.palmenhaus.at, Tel. 015331033, Mo–Fr 10.00–11.00, Sa–So 9.00–23.00 Uhr, Mittagsmenü 11,80 €, U3 Herrengasse

(13) Das traditionelle österreichische Restaurant ist bekannt für seine ausgezeichnete lokale Küche mit berühmten Gerichten wie Tafelspitz und Wiener Schnitzel. Plachutta hat mehrere Niederlassungen in der Stadt, aber **Plachuttas Gasthaus zur Oper** ist die modernste. Kein klassisches Mobiliar, sondern stilvolles weißes Design und helle Holzmöbel. Mit großer Terrasse.
Walfischgasse 5–7, www.plachutta.at, Tel. 015122251, tägl. 11.00–23.15 Uhr, Schnitzel 19,80 €, U-Bahn U1/U2/U4 Karlsplatz

(18) Im **Kleinen Café**, vom Architekten Hermann Czech entworfen, herrscht immer eine spritzige Atmosphäre. Touristen mischen sich in diesem Mini-Café mühelos unter die Stammgäste. Die Atmosphäre ist intimer als in anderen Wiener Kaffeehäusern und erinnert mehr an ein Pariser Café.
Franziskanerplatz 3, FB Kleines Cafe, Mo–Sa 10.00–2.00 Uhr, So 13.00– 2.00 Uhr, Kaffee 3,90 €, U-Bahn U1/U3 Stephansplatz

⑳ **Miznon** ist der richtige Ort für alle, die Trubel und israelisches Essen mögen. Setz dich an die Bar und bestelle eine köstliche gefüllte Pita oder im Ofen gebackenen Blumenkohl. Die Köche und Kellner schreien und singen auf Hebräisch, Deutsch und Englisch und machen dieses Street-Food-Restaurant zu einem dynamischen Ort.

Schulerstraße 4, FB Miznon Vienna, Tel. 015121053, Mo–Sa 12.00–22.30 Uhr, Pita ab 7 €, U-Bahn U1/U3 Stephansplatz

㉓ Wie der Name schon sagt, ist die monumentale Decke der Blickfang im **Salonplafond (im MAK)**. In einem gemütlichen Salon wird moderne Küche mit Schwerpunkt auf österreichischer Küche serviert. Du kannst hier frühstücken, mittags leckere belegte Brote essen oder abends ein vakuumgegartes Gericht probieren. Montags bereitet der Koch ein viergängiges Überraschungsmenü zu und du zahlst nach Belieben. Wirf einen Blick auf die originellen Speisekarten und die von G-Star eingekleideten Kellner. Im Sommer ist die Terrasse absolut zu empfehlen.

Stubenring 5, salon.wien/de/, Tel. 012260046, Mo–Do & So 10.00–24.00, Fr–Sa 10.00–1.00 Uhr, Mittagsgericht ab 12 €, U-Bahn U3 Stubentor

㉔ Gegenüber dem Stadtpark und dem Museum für angewandte Kunst (MAK) liegt **Café Prückel**. Mit seiner schönen Vintage-Einrichtung ist es eines der beliebtesten Kaffeehäuser Wiens. Bestelle einen leckeren Kuchen oder wähle ein günstiges Mittagsmenü. Wenn du das Mittagessen bestellst, deckt der Kellner deinen Tisch mit einem sauberen weißen Tischtuch ein. An drei Abenden in der Woche Live-Klaviermusik.

Stubenring 24, www.prueckel.at, Tel. 015126115, tgl. 8.30–22.00 Uhr, Mittagsgericht 8 €, U-Bahn U3 Stubentor

㉗ **Café Diglas** ist das Stammcafé vieler Wiener. Ein großartiger Ort für eine *Melange*, während du auf einem roten Plüschsofa sitzt und von einem Kellner im Anzug bedient wirst. Natürlich darf auch ein großes Stück Torte nicht fehlen. Du kannst aus nicht weniger als 15 Tortensorten wählen, die jeden Tag in der eigenen Bäckerei gebacken werden.

Wollzeile 10, www.diglas.at, Tel. 015125765, Mo–Fr 8.00–20.30, Sa 9.00–20.30 Uhr, Melange 4,60 €, U-Bahn U1/U3 Stephansplatz

Get your coffee to go!

23

18
KLEINES CAFÉ

(28) Die hippe und stilvolle **Labstelle** liegt ein wenig versteckt. Du kannst zu Fuß von der Wollzeile direkt in den Garten gehen oder vom Lugeck durch die Haustür eintreten. Die Köche kochen lokale Gerichte und zaubern wahre Kunstwerke auf den Teller. Das selbst gebackene Brot ist köstlich. Der freundliche Service und die angenehme, entspannte Atmosphäre machen den Abend komplett.
Lugeck 6, www.labstelle.at, Tel. 012362122, Mo–Fr 11.30–24.00, Sa 10.00–24.00 Uhr, Vier-Gänge-Menü 59 €, U-Bahn U1/U4 Schwedenplatz

(30) Das **Kaffee Alt Wien** hat alles, was ein echtes Kneipencafé braucht: Es ist dunkel, die Wände sind voller Poster, es gibt einen Billardtisch und natürlich eine gute Bar. Das Café wurde 1936 von Leopold Hawelka und seiner Frau eröffnet, die später auch das Café Hawelka gründeten. Alt Wien ist nach wie vor beliebt. Bist du hungrig? Dann bestelle eines der einfachen Gerichte.
Bäckerstraße 9, www.kaffeealtwien.at/en, Tel. 015125222, Mo–Do 9.00–24.00, Fr–Sa 9.00–1.00, So 9.00–24.00 Uhr, Schnitzel 13,80 €, U-Bahn U1/U3 Stephansplatz

(33) Lust auf einen *coffee to go* auf deiner Tour durch die Innenstadt? Dann gehe zum **Fenster Cafe** und bestelle einen Espresso Tonic oder *cornettoccino* (Cappuccino, serviert im Waffelhörnchen). Am Fenster bedient dich ein freundlicher Barista, der mit Leidenschaft seine Kreationen serviert.
Fleischmarkt 9, fenster.cafe, Tel. 06804458005, Mo–Fr 9.00–17.00, Sa–So 9.00–18.00 Uhr, Cappuccino 2,95 €, U-Bahn U4/U1 Schwedenplatz

(35) Der **Eissalon am Schwedenplatz** ist die richtige Adresse für ein Eis. Gegessen wird das Eis auf einer der Holzbänke unter den Bäumen. Große Eisbecher bestellst du auf der großen und meist überfüllten Terrasse.
Franz-Josefs-Kai 17, www.gelato.at, Tel. 015331996, März–Okt. tgl. 10.00–23.15 Uhr, Eiskugel 1,10 €, U-Bahn U1/U4 Schwedenplatz

(36) Im Bootsterminal am Donaukanal befindet sich **Motto am Fluss**. Von den Liegestühlen auf der Terrasse aus kannst du die vorbeifahrenden Schiffe beobachten. Das Café hat eine kleine Speisekarte, das Restaurant serviert umfangreiche Mahlzeiten. Die Küche bereitet biologische Gerichte zu und ist berühmt für das selbst gebackene Brot. Auch für Vegetarier gibt es ein reichhaltiges Angebot auf der Speisekarte. Tipp: Nimm das Degustationsmenü für zwei Perso-

nen als Vorspeise. Am Abend geht es ums „Sehen und Gesehenwerden“ und du kannst zur Musik verschiedener DJs tanzen.

Franz-Josefs-Kai 2, www.motto.at/mottoamfluss, Tel. 012525511, Café tgl. und Bar 8.00–4.00, Restaurant 11.30–14.30 & 18.00–2.00 Uhr, Melange 3,90 €, U-Bahn U1/U4 Schwedenplatz

SHOPPEN

③ An dem Ort, an dem Josef Manner I. 1890 mit der Herstellung und dem Verkauf seiner neapolitanischen Waffeln begann, steht der rosa **Manner**-Laden. Die *Manner-Schnitten* sind für Österreicher wie Sirupwaffeln für die Niederländer und Waffeln für die Belgier. Man kann sie überall kaufen, aber dieses Geschäft ist darauf spezialisiert. Du kannst hier auch Accessoires oder *Manners* im Großformat (bis zu 20 x 30 Zentimeter) kaufen.

Stephansplatz 7, www.manner.com, Tel. 015137018, tgl. 10.00–19.00 Uhr, U-Bahn U1/U3 Stephansplatz

⑧ Zwischen den großen Ladenketten auf der Kärntner Straße befindet sich das einzigartige, altmodische Familienunternehmen **Lobmeyr**. Seine Kristalllüster sind weltberühmt. Sie hängen unter anderem in der Halle des Obersten Sowjets und im Gebäude der Vereinten Nationen. Das k. u. k. Logo (*kaiserlich und königlich*) an der Fassade erinnert an die Zeit, als die Familie Lobmeyr Lieferant des Kaisers war. Im Obergeschoss befindet sich ein kleines, kostenloses Museum, in dem Kronleuchter und schöne Glaswaren zu bewundern sind.

Kärntner Straße 26, www.lobmeyr.at, Tel. 01512050888, Mo–Fr 10.00–19.00, Sa 10.00–18.00 Uhr, U-Bahn U1/U3 Stephansplatz

⑮ Versteckt in einem romantischen Innenhof im vornehmen Stadtzentrum liegt der Geschenkladen **Die Vermischte Warenhandlung**. Hier kannst du zwischen englischen Teetassen, Geschenkpapier, Schmuck, Porzellan und vielem mehr stöbern.

Weihburggasse 16, FB dievermischtewarenhandlung, Tel. 015128853, Di–Fr 10.00–13.00 & 14.00–18.00, Sa 11.00–16.00 Uhr, U-Bahn U1/U3 Stephansplatz

8

25

8

BLUMEN LIPPE

(16) **Aichinger, Bernhard & Comp.** ist eine romantische Buchhandlung, die wie ein gemütliches Wohnzimmer aussieht. Sie ist bis zum Rand mit Büchern gefüllt. Die freundliche Besitzerin weiß genau, wo alle ihre Bücher stehen.
Weihburggasse 16, www.abc-wien.at, Tel. 015128853, Di–Fr 10.00–13.00 & 14.00–18.00, Sa 11.00–17.00 Uhr, U-Bahn U1/U3 Stephansplatz

(25) Das stilvoll eingerichtete **Schneeweiss** verkauft Kleidung von Marken wie Bruuns Bazaar und Tiger of Sweden. Oben an der Treppe findest du Designertaschen. Die etwas mutigere Schwester Rosenrot befindet sich in der Lindegasse.
Wollzeile 20, www.schneeweiss-wien.com, Tel. 0119166416, Mo–Fr 11.00–18.30, Sa 10.30–17.00 Uhr, U-Bahn U3 Stubentor

(26) Inhaberin Sonja Völker ist überzeugt, dass eine Botschaft auf Papier viel mehr Charme hat als eine E-Mail. Und das merkt man dem Laden an. In dem schönen Conceptstore **Herzilein Papeterie** findest du alle Arten von Papierprodukten.
Wollzeile 18, www.herzilein-papeterie.at, Tel. 06764205452, Mo–Sa 10.00–18.00 Uhr, U-Bahn U3 Stubentor

FREIZEITTIPPS

(10) Der **Würstelstand** ist das Wiener Pendant zum Imbissstand. Hier kannst du verschiedene Würste kaufen. Die Bratwurst ist die beliebteste. Sie wird mit einem Stück Brot und einem großen Klecks süßem oder scharfem Senf gegessen. Der Würstelstand am Albertinaplatz wurde vom Architektenduo Schuberth & Schuberth entworfen und gilt als der beste in Wien.
Albertinaplatz 1, www.bitzinger-wien.at/de/würstelstände/bei-der-albertina, Mo–Mi & So 9.00–22.00 & Do–Sa 9.00–23.00 Uhr, Bratwurst 4,30 €, U-Bahn U1/U2/U4 Karlsplatz

(21) Im **Stadtpark** kannst du einen romantischen Spaziergang entlang der Wien und kleiner Teiche unternehmen. Hier befindet sich auch das auffällige goldene Denkmal für Johann Strauss. Mitten im Stadtpark liegt das Steiereck, eines der besten Restaurants der Stadt. Im selben modernen Glasgebäude befindet sich die Meierei im Stadtpark mit über 120 Käsesorten auf der Karte.
Stadtpark, U-Bahn U4 Stadtpark/U3 Stubentor

(34) Diese Gasse war früher sehr gefährlich. Sobald eine Pferdekutsche durch die **Griechengasse** kam, musste man mit dem Rücken dicht an den Häusern stehen, um nicht Hufe oder Räder auf den Zehen zu spüren. Das Warnschild, das die Kutscher auffordert, im Schritttempo zu fahren, hängt noch an den Fassaden. Auch die „Stoßstangen" an den Häuserfronten sind noch vorhanden.
Griechengasse, U-Bahn U1/U4 Schwedenplatz

ROUTE 2

ZENTRUM HOFBURG

INFOS ZUR ROUTE

Dieser Rundgang führt dich in kurzer Zeit an vielen Highlights Wiens vorbei und bietet Gelegenheit, in die Geschichte und die Kaffeekultur einzutauchen. Ohne Pausen lässt sich die Strecke in gut einer Stunde zurücklegen. Du kannst auch in die entgegengesetzte Richtung gehen. Da du einige Fußgängerzonen überquerst, ist es besser, das Fahrrad stehen zu lassen. Diese Gegend zieht viele Touristen an, also mach dich früh auf den Weg, um das Reich für dich zu haben.

DAS VIERTEL

In diesem sehr herrschaftlichen Teil Wiens kannst du die kaiserliche Pracht sehen. Die Hofburg, mit dem **Sisi Museum** – mit den kaiserlichen Gemächern – und der **Spanischen Hofreitschule**, ist eine der größten Touristenattraktionen Wiens. Die **Hofburg** wird auch als Winterpalast von Kaiserin Sisi bezeichnet.

Auf der anderen Seite des Rings stehen zwei prächtige, identische Gebäude: das **Kunsthistorisches Museum** und das **Naturhistorische Museum**. Kaiser Franz Joseph I. ließ die Museen bauen, um die Hofburg optisch mit den kaiserlichen Stallungen (dem heutigen MuseumsQuartier) zu verbinden und um Platz für die Sammlungen der Habsburger zu schaffen. Ein Stück weiter liegt das renommierte Burgtheater.

Der **Judenplatz** ist das Zentrum des ehemaligen jüdischen Viertels. Früher gab es eine Synagoge, heute befindet sich hier ein Museum zur Geschichte der Juden in Wien. Auf dem Platz steht ein Denkmal zur Erinnerung an die österreichischen Opfer des Holocausts.

Zwischen Hofburg und Stephansplatz liegt die luxuriöse Einkaufsstraße **Graben**, eine breite Allee mit schönen Gebäuden. Am teuren **Kohlmarkt** liegen nicht nur die internationalen Modehäuser, sondern auch die Hofzuckerbäckerei Demel und das Feinkostgeschäft Julius Meinl.

Die Kaffeekultur in Wien zeigt sich in den vielen alten Kaffeehäusern. Du kannst aus Dutzenden von Kaffeesorten wählen. Eine *Melange* („unser" Cappuccino) und ein *Brauner* (Espresso mit warmer Milch) sind am beliebtesten.

WENIG ZEIT? DAS SIND DIE HIGHLIGHTS:
HOFBURG + JUDENPLATZ + KUNSTHISTORISCHES MUSEUM + KUNSTFORUM + ZUM SCHWARZEN KAMEEL

TIPPS

// Ideal für Kunst- und Kulturinteressierte
// Empfohlen für sonntags
// Ein Muss beim ersten Wien-Besuch

ZENTRUM HOFBURG

1 Burg.ring 1
2 Kunsthistorisches Museum
3 Naturhistorisches Museum
4 Hofburg
5 Wiener Sängerknaben
6 Sisi Museum
7 Spanische Hofreitschule
8 Minoritenkirche
9 Burgtheater
10 Yamm!
11 Urban Speed
12 Kunstforum
13 CaffèCouture
14 Beaulieu
15 Café Central
16 Zuckerlwerkstatt
17 Looshaus
18 Michaelerkirche
19 Loden-Plankl
20 Kohlmarkt
21 Hofzuckerbäckerei Demel
22 Julius Meinl
23 Peterskirche
24 Caffè Delia's
25 Ankeruhr
26 Schachtelwirt
27 Midi
28 Needle Vinyl Bar
29 simply raw bakery
30 Judenplatz
31 Zum Schwarzen Kameel
32 Aïda
33 Fabios
34 Kolar

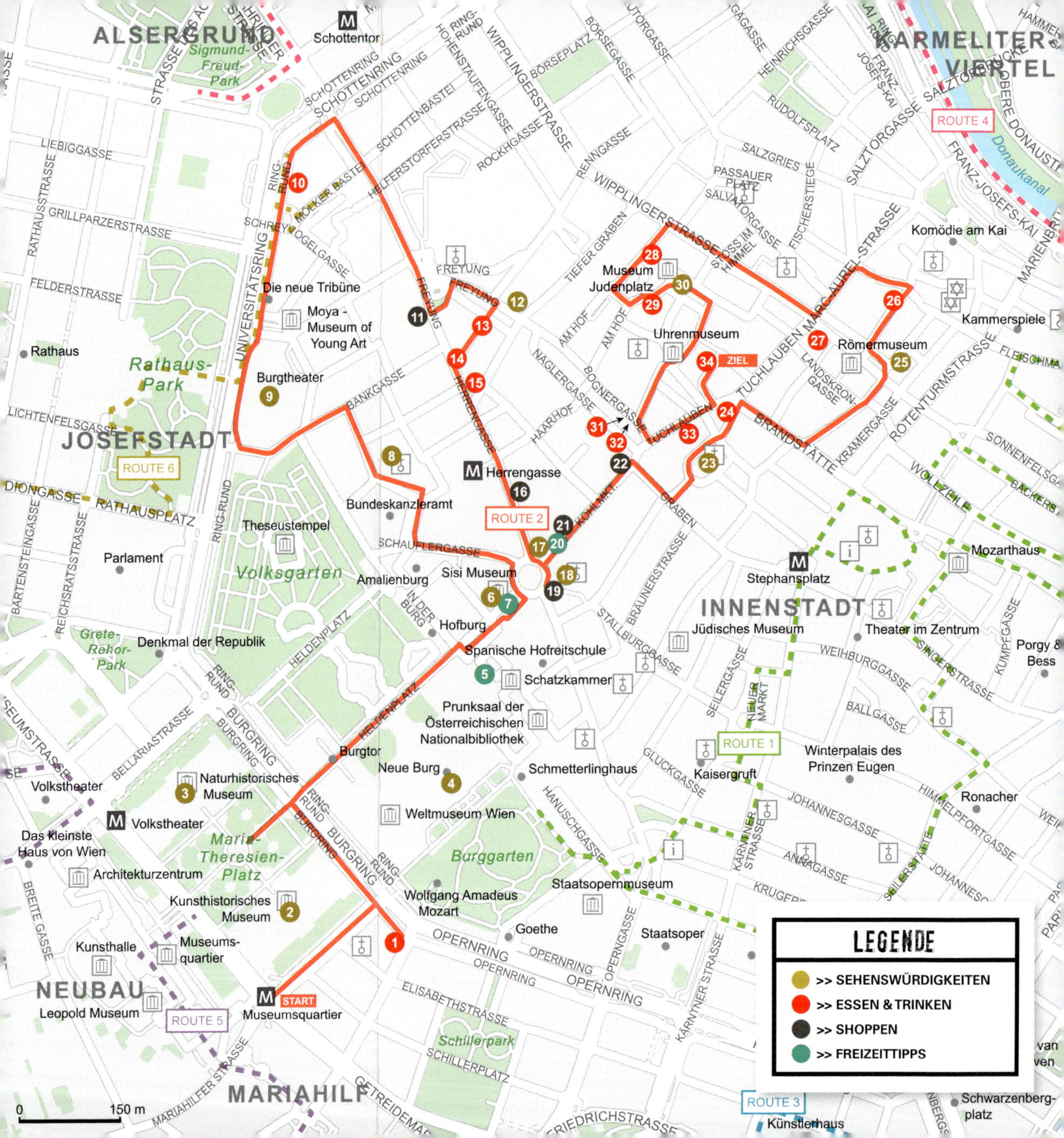

ALSERGRUND
KARMELITER-VIERTEL
JOSEFSTADT
INNENSTADT
NEUBAU
MARIAHILF
ROUTE 1
ROUTE 2
ROUTE 3
ROUTE 4
ROUTE 5
ROUTE 6
START
ZIEL
Schottentor
Sigmund-Freud-Park
Rathaus
Rathaus-Park
Die neue Tribüne
Moya - Museum of Young Art
Burgtheater
Bundeskanzleramt
Theseustempel
Parlament
Volksgarten
Amalienburg
Sisi Museum
Hofburg
Herrengasse
Museum Judenplatz
Uhrenmuseum
Römermuseum
Komödie am Kai
Kammerspiele
Stephansplatz
Mozarthaus
Jüdisches Museum
Theater im Zentrum
Porgy & Bess
Spanische Hofreitschule
Schatzkammer
Prunksaal der Österreichischen Nationalbibliothek
Denkmal der Republik
Grete-Rehor-Park
Burgtor
Neue Burg
Schmetterlinghaus
Kaisergruft
Winterpalais des Prinzen Eugen
Ronacher
Naturhistorisches Museum
Volkstheater
Weltmuseum Wien
Maria-Theresien-Platz
Burggarten
Das kleinste Haus von Wien
Architekturzentrum
Kunsthistorisches Museum
Wolfgang Amadeus Mozart
Staatsopernmuseum
Staatsoper
Goethe
Kunsthalle
Museumsquartier
Leopold Museum
Schillerpark
Schwarzenbergplatz
Künstlerhaus
Donaukanal
LIEBIGGASSE
GRILLPARZERSTRASSE
FELDERSTRASSE
LICHTENFELSGASSE
DIONGASSE
RATHAUSPLATZ
RATHAUSSTRASSE
BARTENSTEINGASSE
REICHSRATSSTRASSE
UNIVERSITÄTSRING
SCHOTTENRING
MÖLKER BASTEI
SCHREYVOGELGASSE
SCHOTTENBASTEI
HELFERSTORFERSTRASSE
HOHENSTAUFENGASSE
WIPPLINGERSTRASSE
ROCKHGASSE
BÖRSEPLATZ
BÖRSEGASSE
RENNGASSE
TIEFER GRABEN
FREYUNG
HERRENGASSE
BANKGASSE
SCHAUFLERGASSE
NAGLERGASSE
BOGNERGASSE
HAARHOF
AM HOF
KOHLMARKT
GRABEN
TUCHLAUBEN
BRANDSTÄTTE
MARC-AUREL-STRASSE
SALZGRIES
PASSAUER PLATZ
SALVATORGASSE
FISCHERSTIEGE
RUDOLFSPLATZ
HEINRICHSGASSE
SALZTORGASSE
FRANZ-JOSEFS-KAI
OBERE DONAUSTRASSE
LANDSKRON-GASSE
KRAMERGASSE
ROTENTURMSTRASSE
FLEISCHMARKT
SONNENFELSGASSE
BÄCKERSTRASSE
WOLLZEILE
BRÄUNERSTRASSE
STALLBURGGASSE
WEIHBURGGASSE
SINGERSTRASSE
KUMPFGASSE
BALLGASSE
SEILERGASSE
NEUER MARKT
GLUCKGASSE
HIMMELPFORTGASSE
JOHANNESGASSE
ANNAGASSE
KÄRNTNER STRASSE
SEILERSTÄTTE
KRUGERSTRASSE
HANUSCHGASSE
OPERNGASSE
OPERNRING
ELISABETHSTRASSE
SCHILLERPLATZ
GETREIDEMARKT
FRIEDRICHSTRASSE
IN DER BURG
HELDENPLATZ
BURGRING
RING-RUND
BELLARIASTRASSE
MARIAHILFER STRASSE
BREITE GASSE
SEUMSTRASSE
0
150 m
LEGENDE
>> SEHENSWÜRDIGKEITEN
>> ESSEN & TRINKEN
>> SHOPPEN
>> FREIZEITTIPPS

BESCHREIBUNG ROUTE 2 (ca. 5,8 km)

Der Startpunkt dieses Spaziergangs ist die U-Bahn-Station MuseumsQuartier. Auf der anderen Seite der breiten Straße liegt die Babenbergerstraße. Gehe am Ende nach rechts für ein Frühstück, Mittag- oder Abendessen 1. Laufe zurück auf den Burgring und biege links in den Museumsplatz ein, zu den beiden größten Museen Wiens 2 3. Überquere den Burgring und gehe direkt an der beeindruckenden Hofburg und den zahlreichen Museen 4 5 6 7 vorbei. Spaziere zum Michaelerplatz. Biege links in die Schauflergasse und nimm die erste Straße rechts. Du befindest dich nun am Minoritenplatz mit der gleichnamigen Kirche 8. Gehe links an der Kirche vorbei in die Bankgasse 9. Laufe parallel zum Universitätsring bis zu einem Restaurant mit vegetarischer Küche 10. Biege rechts in die Schottengasse ein und gehe links in die Freyung 11 12. In der schicken Einkaufspassage auf der rechten Seite kannst du leckeren Kaffee 13 und französische Küche 14 genießen. Biege links in die Herrengasse ein. Links an der Ecke befindet sich eines der ältesten Kaffeehäuser Wiens 15. Ein Stück weiter findet du einen besonderen Süßwarenladen 16. Biege am Michaelerplatz 17 18 19 links in den schicken Kohlmarkt ein 20 21 und gehe beim Feinkostgeschäft Julius Meinl 22 nach rechts auf den Graben. Biege die erste Straße links zur Kirche 23 ab und gehe an der Kirche links über die Brandstätte nach Tuchlauben zu einem beliebten Café 24. Gehe über die Brandstätte weiter und laufe über den Bauernmarkt bis zur großen Glocke 25. Spaziere über den Hohen Markt bis Judengasse. Du kommst an einem Imbissrestaurant vorbei 26. Biege die erste Straße links ab und dann am Kreisverkehr in die Marc-Aurel Straße ein, die zu Tuchlauben wird. Auf dem Hohen Markt solltest du vielleicht ein kleines französisches Mittagessen 27 zu dir nehmen. Auf Tuchlauben findest du einen hübschen Seifenladen. Gehe zurück zur Wipplingerstraße und folge ihr, bis du auf der linken Seite die Färbergasse siehst. Hier findest du eine schöne Vintage-Bar 28. Biege links in die Straße Am Hof und dann wieder links in die Drahtgasse, wo Rohkostgerichte serviert werden 29. Schlendere zum Judenplatz 30. Folge dem Straßenverlauf über die Kurrentgasse und Seitzergasse bis zu einem österreichischen Restaurant 31 und einer Konditorei 32. Hinter dem schicken Einkaufsviertel gehe links zum Restaurant, wo du eventuell berühmte Wiener 33 triffst. Biege ein Stück weiter links in die Kleeblattgasse ein und beende den Spaziergang mit einem *Fladenbrot* im ältesten Haus Wiens 34.

SEHENSWÜRDIGKEITEN

② Das **Kunsthistorische Museum** (1891) wurde für die umfangreiche Kunstsammlung der kaiserlichen Familie gebaut. Unter anderem gibt es Abteilungen mit ägyptischer und griechischer Kunst und Werke alter Meister wie Bruegel des Älteren, Rembrandt, Vermeer, Raffael und Tizian.

Maria-Theresien-Platz, www.khm.at, Tel. 01525240, Di & Fr–So 10.00–18.00, Do 10.00–21.00 Uhr, Eintritt 16 €, U2 Museumsquartier

③ Die Sammlung des Amateurwissenschaftlers Kaiser Franz I. war die Grundlage für das **Naturhistorische Museum**. Hier findest du alles: ausgestopfte Tiere, Meteoriten, Fossilien, archäologische Funde. Das wichtigste Objekt ist die *Venus* von Willendorf, eine 23000 Jahre alte, elf Zentimeter hohe Statuette, wahrscheinlich ein Fruchtbarkeitssymbol. Außerdem bietet das Museum eine spektakuläre Dinosaurier-Ausstellung.

Burgring 7, www.nhm-wien.ac.at, Tel. 01521770, Mo & So 9.00–18.30, Do 9.00–18.30 Uhr, Eintritt 12 €, U-Bahn U2/U3 Volkstheater

④ Die beeindruckende **Hofburg** war die Winterresidenz der Habsburger Kaiser. Ihre berühmteste Bewohnerin war Kaiserin Sisi, und auch Marie Antoinette wohnte dort, bevor sie Königin von Frankreich wurde. Im Laufe der Jahrhunderte wurde der Komplex ständig erweitert, sodass Elemente aus verschiedenen Stilperioden zu entdecken sind.

Michaelerkuppel, www.hofburg-wien.at, Tel. 015337570, tgl. 10.00–17.00 Uhr, Eintritt 15 €, U-Bahn U3 Herrengasse

⑥ Auch wenn Sie die Sisi-Filme nicht mögen, ist das **Sisi Museum** in der Hofburg einen Besuch wert. Kaiserin Sisi war eine fortschrittliche Frau, die sich nicht in einen Palast einsperren lassen wollte. Sie war sozial engagiert und reiselustig, aber auch sehr eitel. Sie trainierte mit großer Disziplin am Reck und hielt eine strenge Diät ein, um ihren Taillenumfang von 40 Zentimetern zu halten. Nach dem Selbstmord ihres Sohns weigerte sich Sisi, sich fotografieren zu lassen, und verbarg ihr Gesicht.

Michaelerkuppel, www.hofburg-wien.at, Tel. 015337570, tgl. 9.00–17.30 Uhr, Eintritt 15 €, U-Bahn U3 Herrengasse

3

25
0 15 30 45 60
X

12
KUNSTFORUM
KUNST
FORUM
KUNST
FORUM

(8) Der Platz um die **Minoritenkirche** ist eine Oase der Ruhe inmitten der Stadt. Im Inneren der karg dekorierten gotischen Kirche sind die Außengeräusche gedämpft. Kaiser Joseph II. schenkte die Kirche aus dem Jahr 1275 im 18. Jahrhundert an Italien. Ein Blickfang ist die lebensgroße Mosaikreplika des *Letzten Abendmahls* von Leonardo da Vinci.

Minoritenplatz 2a, www.minoritenkirche-wien.info, Tel. 06766264113, tgl. 8.00–18.00 Uhr, Eintritt frei, U-Bahn U3 Schottentor

(9) Das 1888 erbaute **Burgtheater** ist eine der renommiertesten Bühnen der deutschsprachigen Theaterwelt, sowohl für klassische Stücke als auch für experimentelles Theater. Das im italienischen Renaissancestil errichtete Gebäude wurde im Zweiten Weltkrieg weitgehend zerstört. Die Fresken der Brüder Klimt und Franz von Matsch sind glücklicherweise erhalten geblieben. 2010 wurde das Theater komplett renoviert. Jedes Jahr finden dort rund 360 verschiedene Aufführungen statt.

Universitätsring 2, www.burgtheater.at, Tel. 01514444140, Mo–Fr 9.00–17.00 Uhr, Führung tgl. 15.00 Uhr, Führung 8 €, U3 Herrengasse

(12) Das **Kunstforum** ist an der goldenen Kugel an seiner Fassade zu erkennen. Im Inneren gibt es wechselnde Ausstellungen; nicht nur von aufstrebenden Talenten, sondern auch von modernen Klassikern wie Magritte, Chagall und Kahlo.

Freyung 8, www.kunstforumwien.at, Tel. 015373326, Sa–Do 10.00–19.00 Uhr, Fr 10.00–21.00 Uhr, Eintritt 11 €, U-Bahn U3 Herrengasse

(17) Das **Looshaus** (1911) ist ein Beispiel für das Werk des Architekten Adolf Loos. Wegen seiner glatten Fassade erhielt es den Spitznamen „Haus ohne Augenbrauen". Loos wurde heftig für sein Gebäude aus grünem Marmor und Glas kritisiert, das mit der gegenüberliegenden, reich verzierten Hofburg stark kontrastierte. Um diesen Kontrast abzumildern, ließ Kaiser Franz Joseph Blumenkästen an der Fassade aufhängen. Heute ist im Looshaus eine Bank untergebracht. In der Halle befinden sich Plakate mit der Geschichte des Gebäudes.

Michaelerplatz 3, Mo–Mi & Fr 9.00–15.00, Do 9.00–17.30 Uhr, U-Bahn U3 Herrengasse

(18) Die **Michaelerkirche** wurde 1221 als romanische Kirche erbaut, aber seitdem ständig erweitert. Die Kirche ist eine Mischung verschiedener Baustile.

Hier hängen viele wichtige religiöse Artefakte. Fünf Tage nach Mozarts Tod fand hier die Premiere seines (unvollendeten) *Requiem* statt. Hunderte von bekleideten Leichen in der Krypta sind gut erhalten. Manche Mumien tragen sogar eine Perücke.

Michaelerplatz 5, www.michaelerkirche.at, Tel. 015338000, Mo–Sa 7.00–22.00, So 8.00–22.00 Uhr, Eintritt frei, U-Bahn U3 Herrengasse

(23) Bei der Gestaltung der barocken **Peterskirche** (1701–1733) ließ sich der Architekt Von Hildebrandt vom Petersdom in Rom inspirieren. Die Kirche ist reich geschmückt, aber der begrenzte Raum lässt sie beengt erscheinen. Jeden Tag um 15.00 Uhr (am Wochenende um 20.00 Uhr) findet ein kostenloses Orgelkonzert statt.

Petersplatz, www.peterskirche.at, Tel. 015336433, Mo–Fr 7.30–19.30, Sa–So 9.00–19.30 Uhr, Eintritt frei, U-Bahn U1/U3 Stephansplatz

(25) Mitten auf dem Hohen Markt steht die ungewöhnlichste Uhr Wiens. Die **Ankeruhr** ist eines der eindrucksvollsten Bauwerke des Jugendstils und wurde zwischen 1911 und 1917 als Verbindung zwischen zwei Gebäuden errichtet. Die Uhr ist eine Hommage an bedeutende historische Persönlichkeiten wie Karl den Großen, Kaiserin Maria Theresia und Joseph Haydn. Um 12.00 Uhr mittags ziehen alle Figuren vorbei und es wird ein Musikstück gespielt. Auf dem großen Schild an der Wand ist zu sehen, was gerade gespielt wird.

Hoher Markt 10, U-Bahn U1/U4 Schwedenplatz

(30) Im Mittelalter war der **Judenplatz** Teil des jüdischen Ghettos. Heute kannst du im Museum Judenplatz Ausgrabungen einer Synagoge besichtigen und mehr über den Alltag der Juden im mittelalterlichen Wien erfahren. Auf dem Platz befindet sich auch eine Gedenkstätte für die österreichischen Juden, die im Zweiten Weltkrieg umgekommen sind. Das Monument wurde 2000 in Anwesenheit des Initiators Simon Wiesenthal enthüllt. Es ist eine Bibliothek mit den Lebensgeschichten der Opfer. Die Einbände der Bücher sind nach innen gewendet.

Judenplatz 8, www.jmw.at, Tel. 015350431, Museum Mo–Do & So 10.00–18.00, Fr 10.00–17.00 Uhr, Eintritt Museum 12 €, U-Bahn U1/U3 Stephansplatz

ESSEN & TRINKEN

① **Burg.ring 1** bietet eine angenehme Abwechslung zu den eher traditionellen Plätzen im Stadtzentrum. Hier findest du typisch österreichische Gerichte wie Schnitzel und *Tafelspitz*, aber auch französische Quiches und Pfannkuchen. Für jeden etwas. Am Wochenende kannst du hier gemütlich frühstücken. Hängelampen, Backsteinmauern und jede Menge Vintage-Sachen bilden den Rahmen. Dieses Restaurant erinnert an ein Berliner Lokal. Schönes Detail: Sie haben Wasserkrüge in Form von Fischen, die "blub-blub" machen, wenn Wasser eingeschenkt wird.

Burgring 1, burgring.at, Tel. 015811393, Mo & So 11.00–20.00, Di & Mi 11.00–23.00, Do–Sa 11.00–1.00 Uhr, Mittagessen 7,40 €, U-Bahn U2 Museumsquartier

⑩ Das vegetarische Restaurant **Yamm!** liegt direkt neben der Universität Wien. Mit groß, modern, schnell und urban lässt sich dieser Ort am besten beschreiben. Hier gibt es ein köstliches großes Brunchbüfett. Etwa 40 warme und kalte Gerichte werden auf einer Büfettinsel schön präsentiert. Probiere unbe-

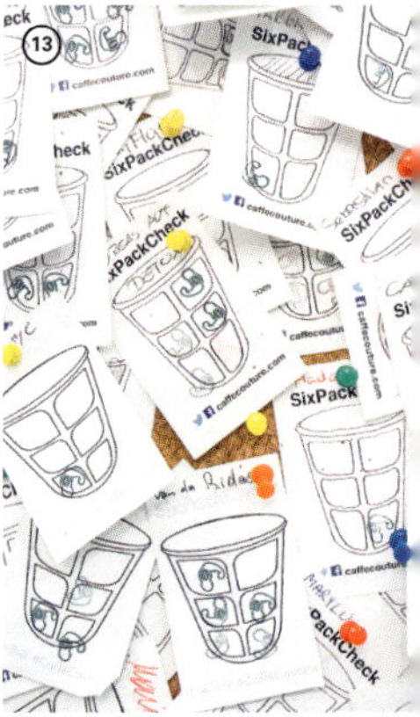

Meet the locals

dingt eines der leckeren Desserts wie Walnusskuchen oder Schokoladenmousse mit Blutorange.

Universitätsring 10, www.yamm.at, Tel. 015320544, Mo–Do 11.00–15.00 & 18.00–23.00, Fr–So 8.00–15.00 & 18.00–23.00 Uhr, Mittagessen 12 €, U-Bahn U2 Schottentoruniversität

(13) **CaffèCouture** ist die richtige Adresse für guten Kaffee. Die Eigentümer nehmen ihren Kaffee sehr ernst. Hier findest du eine große Kaffee-Auswahl, hergestellt mit viel Leidenschaft und Sorgfalt. Besitzer Georg ist ein sehr talentierter und mehrfach prämierter Barista mit unendlichem Kaffeewissen.

Freyung 2, www.caffecouture.com, Tel. 06763322076, Mo–Fr 8.00–17.00, Sa 10.00–17.00 Uhr, Cappuccino 2,80 €, U-Bahn U3 Herrengasse

(14) Inmitten der schicken Ferstelpassage liegt das französische Bistro **Beaulieu**. Die französischen Quiches, Salate und Käsesorten sind gleichermaßen köstlich. In dem kleinen Laden kannst du allerlei französische Köstlichkeiten für zu Hause oder als Geschenk kaufen. Sonntags wird ein Brunch angeboten.

Herrengasse 14 (Ferstelpassage), www.beaulieu-wien.at, Tel. 015321103, Mo–Sa 10.00–23.00 Uhr, Mittagessen 9,50 €, U-Bahn U2 Schottentor

(15) Das **Café Central** ist immer noch das authentischste Kaffeehaus der Stadt, wenn auch etwas touristisch. Viele historische Persönlichkeiten haben hier seit der Eröffnung 1876 ihren Kaffee bestellt: Kafka, Loos, Trotzki, Freud sowie Stalin und Hitler. Es gibt Zeitungen in 22 Sprachen. Die vielen Gebäcksorten stehen in einer Vitrine und man kann ein Mittagessen oder ein Gericht von der Karte bestellen. Jeden Abend spielt ein Pianist. Am besten einen Tisch vorab reservieren.

Ecke Herrengasse/Strauchgasse, www.cafecentral.wien, Tel. 01533376324, Mo–Sa 8.30–20.00, So 10.00–20.00 Uhr, Melange 5,30 €, U-Bahn U3 Herrengasse

(24) Das **Caffè Delia's** ist ein beliebter Treffpunkt. Das kleine Café ist fast immer voll von Menschen, die einen Kaffee, ein Panino oder ein Getränk zu sich nehmen. Es gibt eine schöne Terrasse mit großen Sonnenschirmen. Wenn es abends abkühlt, nimmst du einfach eines der Plaids, die über den Stühlen hängen.

Tuchlauben 8, www.caffedelias.com, Tel. 169919692001, Mo–Sa 8.00-24.00 Uhr, So 10.00–24.00 Uhr, Melange 3,80 €, U-Bahn U1/U3 Stephansplatz

(26) Das To-go-Restaurant **Schachtelwirt** ist ein neuer trendiger Hotspot in Wien. Es ist die Antwort auf den To-go- und Street-Food-Hype. Die Atmosphäre ist angenehm, die Bedienung freundlich und das Essen lecker. Hier isst du typisch österreichische Gerichte in neuem Gewand und alles wird in einem *Schachterl*, in einer Pappschachtel, serviert. Die Speisekarte wechselt wöchentlich.

Judengasse 5, www.schachtelwirt.at, Tel. 015320707, Di–Fr 11.30–22.00, Sa 12.00–22.00 Uhr, Hauptgericht 8 €, U-Bahn U1/U4 Schwedenplatz

(27) Das französische Bistro **Midi** ist ein idealer Ort für ein schnelles Mittagessen. Hier werden qualitativ hochwertige, leichte und französische Gerichte serviert. Die Speisekarte wechselt wöchentlich und es stehen zwei Hauptgerichte zur Auswahl (eines davon vegetarisch), die wahlweise in einem Menü mit einer Vorspeise und/oder einem Dessert kombiniert werden können. Im Sommer gibt es eine gemütliche Terrasse direkt vor der Tür.

Hoher Markt 5, mideli.at, Tel. 01904564, Mo–Fr 11.00–15.00 Uhr, Hauptgericht 8,60 €, U-Bahn U1/U4 Schwedenplatz

(28) Wie der Name schon sagt, spielt die **Needle Vinyl Bar** nur Vinyl. Alles hier atmet Musik. Hölzerne Vintage-Möbel, Backsteinwände, die Decke beklebt mit Postern und die Regale voller Schallplatten sorgen für eine wohnliche Atmosphäre. Ein perfekter Ort für ein Glas Wein oder ein Bier am Abend.

Färbergasse 8, FB needlevinylbar, Tel. 06605352325, Mo–Sa 11.00–13.00, So 14.00–1.00 Uhr, Wein 4,20 €, U-Bahn U3 Herrengasse

(29) Mutter Gabriele und Tochter Shanna haben eine Leidenschaft für Rohkost. In ihrem Bistro **simply raw bakery** bereiten sie köstliche Desserts und andere süße und herzhafte Rohkostgerichte zu. Sie verwenden nur Produkte auf pflanzlicher Basis wie Nüsse, Obst, Superfoods, Gemüse und Kräuter. Hier gehst du mit viel Energie nach draußen.

Drahtgasse 2, www.simplyrawbakery.at, Tel. 067762469124, Mo–Sa 9.00–18.00 Uhr, Muffin 4,50 €, U-Bahn U3 Herrengasse

(31) **Zum Schwarzen Kameel** gibt es schon seit fast 400 Jahren. In dem wunderschönen Jugendstil-Speisesaal serviert ein Kellner mit lockigem Schnurrbart tolle Gerichte. Es ist nicht billig, aber das ist den schicken Wienern egal. Viele

im Kinsky
Kunst Auktionen

34
KOLAR
KOLAR

28
ROCK

29
simply raw
bakery

Einheimische trinken hier ein gutes Glas Weißwein und bestellen kunstvoll belegte Brötchen aus der Vitrine. Probiere die Variante mit Knochenschinken und geriebenem Meerrettich.

Bognergasse 5, www.kameel.at, Tel. 01533812511, tgl. 8.00–24.00 Uhr, Tatar 26,50 €, U-Bahn U1/U3 Stephansplatz

(32) In der Konditorei **Aïda** ist so ziemlich alles rosa. Die Einrichtung stammt aus den 50er- und 60er-Jahren und sieht in allen 34 Filialen in Wien gleich aus. Aïda hat Kultstatus, weil es nicht mit der Zeit geht. Es beschäftigt fast ausschließlich Frauen, die eine rosa Schürze, rosa Socken und weiße Sandalen tragen. Auf der Karte stehen süße Backwaren und Retro-Gerichte wie Schinkenröllchen mit Frischkäse und gekochtes Ei mit Mayonnaise. Probiere unbedingt den Apfelstrudel.

Bognergasse 3, www.aida.at, Tel. 018908988206, tgl. 9.00–19.00 Uhr, Stück Torte 3,90 €, U-Bahn U1/U3 Stephansplatz

(33) Berühmte Wiener sind bei **Fabios** willkommen. Das elegante, stimmungsvolle Restaurant ist der richtige Ort, wenn du einen besonderen Abend erleben möchtest. Spitzenkoch Joachim Gradwohl garantiert Qualität und Service auf höchstem Niveau. Seit der Renovierung 2013 bietet das Fabios auch ein leckeres Frühstück an. Eine Reservierung ist unerlässlich, wenn du hier abends essen möchtest.

Tuchlauben 4–6, www.fabios.at, Tel. 015322222, Mo–Sa 9.00–1.00 Uhr, Vitello Tonnato 22,50 €, U-Bahn U1/U3 Stephansplatz

(34) Das Restaurant **Kolar** bezaubert durch seine authentische Atmosphäre. Es befindet sich im ältesten Wohnhaus (erbaut 1539) Wiens und man speist noch unter den ursprünglichen Arkaden. Bestelle ein Fladenbrot, gefüllt mit köstlichen Leckereien. Es werden verschiedene Biere und ganzjährig Glühwein serviert.

Kleeblattgasse 5, kolar-beisl.at, Tel. 015335225, Mo–Sa 11.00–13.00, So 15.00–1.00 Uhr, Fladenbrot 6 €, U-Bahn U3 Herrengasse

SHOPPEN

(11) Amüsant, unkompliziert und unkonventionell – so beschreibt Sabina Perfetti ihr Geschäft **Urban Speed**. In dieser Boutique findest du Kleidung und

Schmuck, Parfüms, Möbel und Deko von etablierten und neuen Marken. Sehr besonders sind die T-Shirts mit Motiven des japanischen Künstlers Hajime Sorayama von der koreanischen Kultmarke JuunJ.

Herrengasse 21, www.urbanspeed.at, Tel. 06765744, Mo–Fr 10.00–19.00 Uhr, Sa 10.00–18.00 Uhr, U-Bahn U3 Herrengasse

⑯ Alle Süßigkeiten der **Zuckerlwerkstatt** sind handgemacht und enthalten nur natürliche Zutaten. Die Bonbons sind farbenfrohe Kunstwerke und man kann sie in hübschen kleinen Tüten oder Gläsern kaufen. Es gibt sogar Bonbons mit „I love Vienna" und mit dem Riesenrad im Prater. Du kannst hier auch deine eigenen Süßigkeiten für Geburtstage oder Hochzeiten bestellen.

Herrengasse 6–8, www.zuckerlwerkstatt.at, Tel. 018909056, Mo–Sa 10.00–18.00 Uhr, U-Bahn U3 Herrengasse

⑲ Auch in Wien ist die Tracht nicht völlig aus dem Straßenbild verschwunden. Vor allem Dirndl und Lederhosen werden immer noch mit Stolz getragen, vorzugsweise auf Festen der High Society. Das Familienunternehmen **Loden-Plankl** ist eines der bekanntesten Geschäfte für Traditionskleidung. Seit 1830 werden in dieser ehemaligen Brauerei schöne Filzjacken und besondere Hemden verkauft. Die zwei Eingänge und die verschiedenen (Wendel-)Treppen zeigen, dass der Betrieb im Laufe der Jahre mehrmals vergrößert wurde.

Michaelerplatz 6, www.loden-plankl.at, Tel. 015338032, Mo–Sa 11.00–17.00 Uhr, U-Bahn U3 Herrengasse

㉑ Die **Hofzuckerbäckerei Demel**, die Konditorei der Habsburger Monarchie, ist wie ein Palast. Die Decke ist mit Blattgold verziert und überall hängen Spiegel und glänzende Fliesen. Hier kannst du kleine Kunstwerke aus Fondant, Schokolade und Marzipan kaufen. Auf der Rückseite siehst du durch eine Glaswand, wie diese Köstlichkeiten hergestellt werden.

Kohlmarkt 14, www.demel.at, Tel. 015351717, tgl. 8.00–19.00 Uhr, Melange 5,90 €, U-Bahn U3 Herrengasse

㉒ Das Delikatessengeschäft **Julius Meinl** ist seit Generationen ein Begriff in Wien. Kaviar aus dem Iran, Trüffelpolenta aus dem Piemont: Die besonderen Produkte kommen aus der ganzen Welt. Auf zwei Etagen findest du alles, was

21
CH. DEMEL's SÖHNE
WIEN I Kohlmarkt 14.
Wir essen nur Demel Chocolade

16
Zuckerl
Werkstatt
WIEN

20

mit luxuriösem Essen und Trinken verbunden ist: ein Geschäft, ein Restaurant, ein Café, eine Sushibar und ein Weinlokal.

Graben 19, www.meinlamgraben.at, FB meinlamgraben, Tel. 015323334, Mi–Fr 8.00–19.30, Sa 9.00–18.00 Uhr, U-Bahn U1/U3 Stephansplatz

FREIZEITTIPPS

⑤ Ein Auftreten der berühmten **Wiener Sängerknaben** ist in ihrer Heimat am schönsten: die Hofburgkapelle in der Hofburg. Zum Knabenchor werden nur Alt- und Sopranstimmen zugelassen. Sobald ein Sänger in den Stimmbruch kommt, verlässt er den Chor. Die hundert Mitglieder treten in vier Chören mit identischem Repertoire weltweit auf.

Hofburgkapelle Hofburg, www.wienersaengerknaben.at, Eintritt ab 11 €, U-Bahn U3 Herrengasse

⑦ Die **Spanische Hofreitschule** ist ein Mekka für Pferdeliebhaber. Hier kannst du morgendliche Trainingseinheiten und Vorführungen der berühmten Lipizzaner-Schimmel erleben. Ein besonderes Erlebnis ist die Führung durch die Ställe dieser besonderen Reitschule mit ihren exklusiven Pferden mitten in der Stadt.

Michaelerplatz 1, www.srs.at, Tel. 015339031, tgl. 9.00–16.00, Fr mit Vorführungen 9.00–19.00 Uhr, Stallführung 19 €, U-Bahn U3 Herrengasse

⑳ Der **Kohlmarkt** ist die Straße mit den teuersten Geschäften Wiens. Hier findest du große Modehäuser wie Chanel, Burberry und Gucci. Japanische Touristen stehen oft vor der Tür von Louis Vuitton Schlange. Schwer vorstellbar, dass hier früher ein Kohlebergwerk stand. In der Weihnachtszeit wird diese Straße schön beleuchtet.

Kohlmarkt, U-Bahn U3 Herrengasse

ROUTE 3

FREIHAUSVIERTEL

INFOS ZUR ROUTE

Ohne Pausen kann man diese Strecke in weniger als einer Stunde zurücklegen – vorbei an einigen schönen Jugendstilhäusern, der Karlskirche und vielen hübschen Geschäften. Diese Route ist auch für alle geeignet, die schon einmal in Wien waren. Du kannst die Strecke mit dem Fahrrad zurücklegen, vorausgesetzt, du steigst am Karlsplatz kurz ab. Der Naschmarkt ist besonders samstags sehr voll. An Sonntagen ist der Spaziergang weniger empfehlenswert, weil viele Adressen und die Marktstände dann geschlossen sind.

DAS VIERTEL

Zwischen Naschmarkt und Wiedner Hauptstraße liegt das ehemalige Arbeiterquartier Freihausviertel, wo heute viele Yuppies wohnen. In dieser lebendigen Gegend brodelt es vor kreativen Initiativen. Es gibt kleine Designer-Boutiquen, ein schönes Filmhaus aus den Fünfzigern und angesagte Cafés. Die Atmosphäre ist anders als in jedem anderen Bezirk in Wien. Obwohl man sich mitten im Zentrum befindet, glaubt man, in einem Dorf zu sein, wo sich alle kennen. Straßennamen wie Mühlgasse und Heumühlgasse erinnern an die Zeit, als die Straßen noch Kanäle waren und überall Mühlen standen.

Der gesellige und belebte **Naschmarkt** mit unzähligen Ständen voller exotischer Produkte und Restaurants ist ein beliebter Treffpunkt. Der Markt ist in den letzten Jahren immer touristischer geworden und die Preise sind gestiegen, aber das scheint die Wiener nicht sonderlich zu stören. Sie sind bereit, für gute Qualität zu zahlen. An Samstagen verkaufen hier Bauern ihre Produkte und es gibt einen großen Flohmarkt.

Angrenzend an das Freihausviertel befindet sich der **Karlsplatz**. Nach den Verwüstungen des Zweiten Weltkriegs musste der Platz komplett neu aufgebaut werden. Beeindruckend ist die **Karlskirche**, daneben das Wien Museum, in dem du alles über die Geschichte der Stadt erfährst. Zwischen Mitte November und dem 24. Dezember verwandelt sich der Platz in einen großen Weihnachtsmarkt. Statt Wasser sind dann Stroh und Stalltiere im Brunnen und die beleuchtete Karlskirche bietet eine märchenhafte Atmosphäre. Unweit des Karlsplatzes liegt der **Musikverein**, der bei vielen als der beste Konzertsaal der Welt gilt.

WENIG ZEIT? DAS SIND DIE HIGHLIGHTS:
NASCHMARKT + MUSIKVEREIN + KARLSKIRCHE + SECESSIONSGEBÄUDE + KARLSPLATZ-PAVILLONS

TIPPS

// Schöne Route für Feinschmecker // Architektonisch wegen der vielen Jugendstilgebäude interessant // Für Erst- und Mehrfachbesucher

FREIHAUSVIERTEL

1 Café Mendez
2 Ludwig & Adele
3 Albertina Modern
4 Musikverein
5 Karlskirche
6 Karlsplatz-Pavillons
7 Heuer
8 Secessiosgebäude
9 Umar
10 Naschmarkt
11 Cha-No-Ma
12 Little Joe's Gang
13 Café Nest
14 Gabarage
15 Pregenzer
16 Hannibal
17 Schikaneder
18 The Breakfast Club
19 Vollpension
20 Flo
21 Babette's
22 Alt Wien Kaffee
23 Naschmarkt Deli
24 Café Drechsler
25 Neni
26 Linke Wienzeile / Majolikahaus
27 Kettenbrückengasse
28 Weinschenke
29 Marin Espressobar
30 Zweitbester
31 Zur Herknerin
32 Feine Dinge
33 Unikatessen
34 Alma
35 Filmcasino
36 Le Miroir
37 Schlossquadrat
38 WerkzeugH
39 Motto

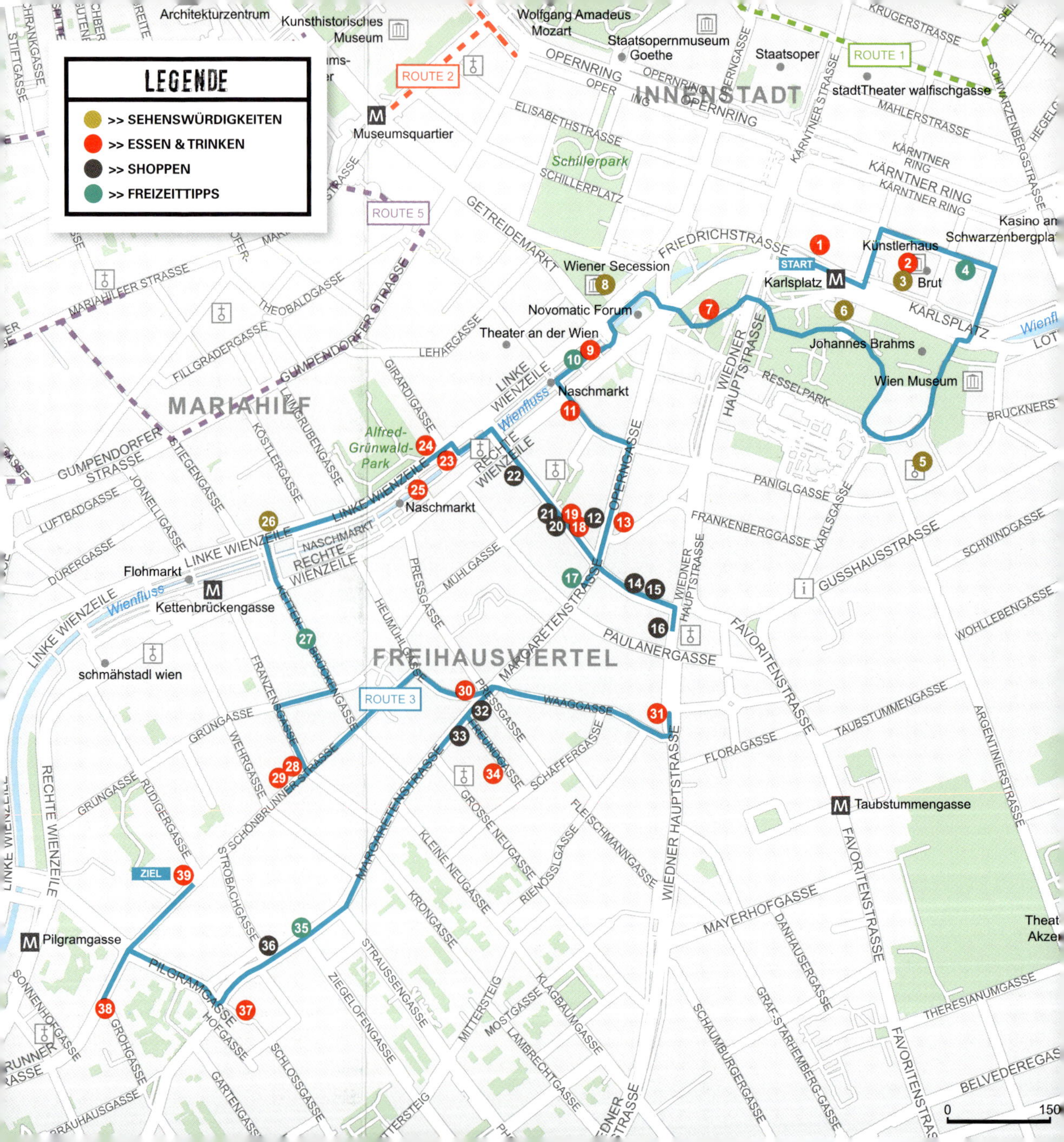
LEGENDE
>> SEHENSWÜRDIGKEITEN
>> ESSEN & TRINKEN
>> SHOPPEN
>> FREIZEITTIPPS
INNENSTADT
MARIAHILF
FREIHAUSVIERTEL
ROUTE 1
ROUTE 2
ROUTE 3
ROUTE 5
START
ZIEL
Architekturzentrum
Kunsthistorisches Museum
Wolfgang Amadeus Mozart
Staatsopernmuseum
Goethe
Staatsoper
stadtTheater walfischgasse
Museumsquartier
Schillerpark
Wiener Secession
Novomatic Forum
Theater an der Wien
Künstlerhaus
Kasino am Schwarzenbergplatz
Karlsplatz
Brut
Johannes Brahms
Wien Museum
Naschmarkt
Alfred-Grünwald-Park
Flohmarkt
Kettenbrückengasse
schmähstadl wien
Taubstummengasse
Pilgramgasse
Wienfluss
OPERNRING
ELISABETHSTRASSE
SCHILLERPLATZ
GETREIDEMARKT
FRIEDRICHSTRASSE
KÄRNTNER RING
KARLSPLATZ
RESSELPARK
WIEDNER HAUPTSTRASSE
LINKE WIENZEILE
RECHTE WIENZEILE
GUMPENDORFER STRASSE
MARIAHILFER STRASSE
OPERNGASSE
MARGARETENSTRASSE
PAULANERGASSE
FAVORITENSTRASSE
GUSSHAUSSTRASSE
WAAGGASSE
SCHÖNBRUNNER STRASSE
KETTENBRÜCKENGASSE
PILGRAMGASSE
MAYERHOFGASSE
THERESIANUMGASSE
ARGENTINIERSTRASSE
BELVEDEREGASSE

BESCHREIBUNG ROUTE 3 (ca. 5 km)

Beginne am mexikanischen Restaurant Café Mendez 1. Über die Akademiestraße kommst du an einem Restaurant vorbei, das im Stadtkino untergebracht ist 2. Gehe zurück zur Lothringerstraße und laufe an der Albertina Modern 3 vorbei. Auf dem Platz wirst du den Musikverein 4 entdecken. Biege wieder rechts ab und gehe zum Karlsplatz. Überquere die Straße zur imposanten barocken Karlskirche 5 und zu den Pavillons von Otto Wagner 6. Verlasse den Park und überquere die Straße zum trendigen Heuer für einen Lunch 7. Hinter dem Café über die verkehrsreiche Straße, um zur Friedrichstraße zu gelangen. Biege links ab und am Secessionsgebäude mit der goldenen Kugel 8 vorbei. Gehe geradeaus zu den vielen Marktständen 9 am Naschmarkt 10. Biege links in die Faulmanngasse und du kommst an einem ungewöhnlichen Teehaus 11 vorbei. Biege rechts in die Operngasse ab. Du läufst hier an einem Vintage-Laden und einem Vintage-Café vorbei 12 13. Links in der Schleifmühlgasse gibt es zwei schöne Geschäfte 14 15. Gehe rechts um die Ecke für ein Geschäft mit Wohnaccessoires und Delikatessen 16. Gehe den gleichen Weg zurück und biege links in die Margaretenstraße ein. Hier gibt es ein Kino mit einer Bar 17. Laufe zurück und biege links in die Schleifmühlgasse ein zu trendigen Boutiquen und Cafés 18 19 20 21 22. Von der Schleifmühlgasse gelangst du wieder zum Naschmarkt mit vielen netten Lokalen 23 24 25. Biege links ab und gehe auf ein Otto-Wagner-Gebäude 26 zu. Biege gegenüber links in die Kettenbrückengasse 27 ein, dann rechts in die Grüngasse und links in die Franzensgasse, wo du an einem Hamburgerladen vorbeikommst 28. Gehe rechts um die Ecke für einen Kaffee 29. Gehe weiter links auf die Schönbrunner Straße und biege am Ende der Straße rechts ab. An der Ecke der Heumühlgasse liegt ein angesagtes Restaurant 30. Überquere die Straße und gehe die Waaggasse bis zum Ende und biege links in die Wiedner Hauptstraße ein zum modernen *Beisl* 31. Gehe den gleichen Weg zurück und in der Margaretenstraße laufe links zu Feine Dinge 32. Gehe weiter an einem Conceptstore 33 vorbei. Biege für ein Sandwich in die Große Neugasse ein und suche dir einen Platz im Alma 34. Gehe zurück zur Margaretenstraße und du kommst an einem 50er-Jahre-Kino 35 vorbei. Im Margaretenhof findest du rechts eine französische Modeboutique 36 und links das Schloss Quadrat 37. Biege links in die Pilgramgasse ein und nimm die zweite links für die quirlige Bar WerkzeugH 38. Spaziere zurück über die Schönbrunner Straße und beende deine Tour im Restaurant Motto 39.

SEHENSWÜRDIGKEITEN

③ Die **Albertina Modern** ist die kleine und moderne Schwester des Albertina-Museums. Sie befindet sich im prachtvollen Künstlerhaus am Karlsplatz. Auf über 2000 Quadratmetern präsentiert die Albertina Modern umfassende Ausstellungen von hauptsächlich österreichischen Künstlern wie Hundertwasser, Rainer und Wurm. Außerdem sind Werke von Kiefer, Warhol und anderen zu sehen.
Karlsplatz 5, www.albertina.at/albertina-modern, Tel. 01534830, Do & Sa–So 10.00–18.00, Mi & Fr 10.00–21.00 Uhr, Eintritt 12 €, U-Bahn U1/U2/U4 Karlsplatz

⑤ Im Jahr 1713 wurde Wien von der Pest heimgesucht. Kaiser Karl VI. versprach den Bau einer Kirche, sobald die Epidemie vorbei war. Es dauerte jedoch fast 25 Jahre, bis die imposante barocke **Karlskirche** fertiggestellt wurde. Die beiden Säulen an der Vorderseite sind der römischen Trajanssäule nachempfunden. Das Portal hat die Form eines griechischen Tempels. Die 74 Meter hohe Kuppel ist mit Fresken von Johann Michael Rottmayr verziert. Ein gläserner Aufzug bringt dich nach oben, um alles aus der Nähe anzuschauen.
Kreuzherrengasse 1, www.karlskirche.at, Tel. 01504618, Mo–Sa 9.00–18.00 Uhr, So 12.00–19.00 Uhr, Eintritt 8 €, U-Bahn U1/U2/U4 Karlsplatz

⑥ Die beiden **Karlsplatz-Pavillons** von 1898 wurden von dem Jugendstilarchitekten Otto Wagner entworfen. Die identischen Gebäude sind mit Marmor, Gold und Sonnenblumen- und Pflanzenmotiven verziert. Ein Pavillon wird als Café genutzt, der andere beherbergt ein Dokumentationszentrum über Otto Wagner.
Karlsplatz, www.wienmuseum.at, Tel. 0150587470, Mo–Do & So 10.00–13.00 & 14.00–18.00 Uhr, Eintritt 5 €, U-Bahn U1/U2/U4 Karlsplatz

⑧ Das **Secessionsgebäude** ist der Höhepunkt der Wiener Secession, eine Wiener Variante des Jugendstils, benannt nach der gleichnamigen Gesellschaft, die Ende des 19. Jahrhunderts von Künstlern wie Moser und Klimt gegründet wurde, um sich gegen traditionellere Kunstauffassungen zu stellen. Hier, in ihrem Ausstellungsgebäude, findet sich neben einer Reihe von Ausstellungen auch ein ruhiger Raum mit Wandmalereien von Klimt.
Friedrichstraße 12, www.secession.at, Tel. 015875307, Di–So 10.00–18.00 Uhr, Eintritt 9,50 €, U-Bahn U1/U2/U4 Karlsplatz

Wiener Secession

㉖ An der **Linken Wienzeile** gibt es wunderbare Gebäude, von denen die beiden Jugendstilhäuser von Otto Wagner aus dem Jahr 1898 am schönsten sind. Das **Majolikahaus** in der Nummer 40 ist mit floralen Motiven, glasierten Kacheln und Balkonen verziert. Das Gebäude mit der Nummer 38 ist bekannt für seine spektakuläre runde Eckform. Die Fassade ist weiß mit goldenen Ornamenten und auf dem Dach befinden sich Statuen schreiender Frauen.
Linke Wienzeile 38 und 40, U-Bahn U4 Kettenbrückengasse

ESSEN & TRINKEN

① Fans von mexikanischem Essen und großartigen Cocktails sollten das **Café Mendez** aufsuchen. Chili con Carne, Tacos oder würzige Bohnensuppe stehen hier auf der Speisekarte. Das Innere ist mexikanisch inspiriert und hip. Der Service ist sehr freundlich und du kannst hier auch frühstücken und zu Mittag essen.
Karlsplatz 2, www.mendez.at, Tel. 06765113099, Di–Sa 16.00–23.00 Uhr, U-Bahn U1/U2/U4 Karlsplatz

(2) Das Restaurant **Ludwig & Adele** liegt im Stadtkino, das wiederum im Künstlerhaus untergebracht ist. Hier erwartet dich eine ehrliche und kreative Küche. Die kleine Mittagskarte wechselt täglich. Probiere unbedingt die hausgemachten Limonaden, Tonics und Eistees. Du kannst auch vor oder nach dem Film ein Getränk oder einen kleinen Snack zu dir nehmen.
Akademiestraße 13, ludwigundadele.at, Tel. 068181916101, Mo–Fr 12.00–15.00 & 17.30–23.00, Sa 10.00–23.00 Uhr, Hauptgericht 12 €, U-Bahn U1/U2/U4 Karlsplatz

(7) Das stets volle **Heuer** gehört zum modernen Ausstellungsgebäude Project Space. Hierher kommen Ausstellungsbesucher, einheimische Studierende und Touristen. Bei schönem Wetter kann man mitten auf dem Karlsplatz mit Blick auf die Karlskirche sitzen. Jeden Abend legt ein DJ auf. Frühstück, Mittag- und Abendessen sind hervorragend.
Treitlstraße 2, www.heuer-amkarlsplatz.com, Tel. 018900590, Mo–Fr 11.30–2.00, Sa–So 10.00–2.00 Uhr, Mittagessen 12 €, U-Bahn U1/U2/U4 Karlsplatz

(9) Die Gebrüder **Umar** haben einen Stand auf dem Naschmarkt, der berühmt für seine vielen Fischarten ist. Du suchst dir einen Fisch aus den Behältern aus und nimmst ihn mit nach Hause. Du kannst ihn auch sofort essen: In dem einfachen Restaurant daneben wird daraus ein schmackhaftes Gericht gezaubert.
Naschmarkt Stand 38–39, www.umarfisch.at, Tel. 015852177, Mo–Fr 11.00–23.00 & Sa 8.00–23.00 Uhr, gegrillte Calamari 16,90 €, U-Bahn U1/U2/U4 Karlsplatz

(11) Mitten im Freihausviertel befindet sich das kleine japanische Teehaus **Cha-No-Ma**, in dem du traditionellen japanischen Grüntee trinken kannst. Der *Matcha Latte* ist am beliebtesten. Probiere eine der japanischen Köstlichkeiten. Du kannst auch Tee zum Mitnehmen kaufen.
Faulmanngasse 7, www.chanomavienna.at, Tel. 015879406, Mo–Sa 11.00–18.00 Uhr, Matcha Latte 3,50 €, U-Bahn U4 Kettenbrückengasse

(13) Das **Café Nest**, ohne jeglichen Schnickschnack, ist der richtige Ort für einen Aperitif, eine leckere Pizza, Toast, Pfannkuchen oder *Nockerl*. Die Bedienung ist freundlich und die Einrichtung im Vintage-Stil schön und entspannt.
Operngasse 25, www.cafenest.at, Tel. 06767707700, Mo–Sa 17.00–23.00 Uhr, Melange 3,80 €, U-Bahn U1/U2/U4 Karlsplatz

(18) In dem kleinen Frühstückscafé **The Breakfast Club** sind alle Produkte biologisch. Du kannst aus 25 Frühstücksangeboten aus der ganzen Welt wählen. Es gibt eine große Auswahl an Eierspeisen. Die gute Musik sorgt für eine herrlich entspannte Atmosphäre.

Schleifmühlgasse 12–14, www.thebreakfastclub.at, Tel. 015812692, Mo & Mi–Fr 8.00–14.00, Sa–So 8.00–15.00 Uhr, Frühstück ab 3,50 €, U-Bahn U4 Kettenbrückengasse

(19) Das **Café Vollpension** hat ein einzigartiges Konzept: Es wird von mehreren Omas betrieben. Allein sie sind schon eine Attraktion. Das Café ist bewusst kitschig mit „Oma-Kram" aus dem letzten Jahrhundert (Porzellankätzchen, gehäkelte Tischdecken, Landschaftsmalerei) eingerichtet. Die älteren Damen in der Küche backen jeden Tag frische Kuchen und schaffen eine gemütliche Atmosphäre. Hier kannst du frühstücken oder typisch österreichische Gerichte bestellen.

Schleifmühlgasse 16, www.vollpension.wien, Tel. 015850464, Mo–Fr 7.30–22.00, Sa 9.00–22.00, So 9.00–20.00 Uhr, Stück Kuchen 3,90 €, U-Bahn U4 Kettenbrückengasse

(23) Ein türkisches Frühstück am Sonntagmorgen, ein Milchkaffee am Nachmittag, ein Bier oder Cocktail am Abend ... Im beliebten **Naschmarkt Deli** ist es eigentlich immer schön, um sich niederzulassen. Am Abend spielt ein DJ oder es gibt Live-Auftritte.

Naschmarkt Stand 421–436, FB Deli Naschmarkt, Tel. 015850823, Mo–Sa 7.00–24.00 Uhr, Mittagsmenü 9 €, U-Bahn U4 Kettenbrückengasse

(24) **Café Drechsler** ist ein entspanntes Kaffeehaus. Von allen geliebt und eine wahre Institution in Wien. Egal, ob du früh am Morgen, am späten Nachmittag oder nach dem Ausgehen kommst, es ist (fast) immer geöffnet. Dieses Nachtcafé ist freitags und samstags nur zwischen 24.00 (oder 2.00) Uhr und 8.00 Uhr geschlossen. Zu allen anderen Zeiten kannst du ein Bier trinken, frühstücken oder ein österreichisches Essen bestellen.

Linke Wienzeile 22, www.cafedrechsler.at, Tel. 015812044, Mo–Do & So 8.00–24.00, Fr–Sa 8.00–2.00 Uhr, Melange 2,90 €, U-Bahn U4 Kettenbrückengasse

(25) Am Naschmarkt befindet sich ein tolles Lokal neben dem anderen. Besonders hervorzuheben ist das gemütliche **Neni**. Es ist das einzige zweistöckige Haus und die Einrichtung erinnert an einen modernen Beach Club. Probiere die

Mexican food & cocktails

19

58

30

karamellisierte Aubergine oder das gegrillte Huhn. Bei warmem Wetter gibt es eine schöne Holzerrasse.

Naschmarkt 510, www.neni.at, Tel. 015852020, Mo–Sa 8.00–11.00 Uhr, Hauptgericht 15 €, U-Bahn U4 Kettenbrückengasse

(28) Wenn du Hamburger magst, ist die **Weinschenke** der richtige Ort für dich. Hier kannst du sieben verschiedene Arten von Burgern (Fleisch, vegetarisch und vegan), zwölf Saucen, mit oder ohne Bio-Pommes essen. Alles ist köstlich frisch und die Burger werden jeden Tag vor Ort hergestellt.

Franzensgasse 11, www.weinschenke-wien.com, Tel. 06605076301, Mo–Fr 11.30–1.00, Sa–So 17.00–1.00 Uhr, Burger 14 €, U-Bahn U4 Kettenbrückengasse

(29) **Marin Espressobar** trägt den Namen des kolumbianischen Besitzers Marin. Zwar gibt es keine kolumbianischen Kaffeebohnen, aber ugandische und brasilianische Bohnen, die in Italien geröstet werden. Rhythmische Musik und Tortillas schaffen eine südländische Atmosphäre.

Schönbrunner Straße 14, FB Marinespressobar, Tel. 069912739445, Mo–Fr 8.00–18.00, Sa 9.00–18.00 Uhr, Espresso 2 €, U-Bahn U4 Kettenbrückengasse

(30) Der Name ist ein Scherz des Besitzers, der von seinen Gästen immer „zweitbester Freund" genannt wurde. Überzeuge dich selbst, dass das **Zweitbester** eines der besten Restaurants im Freihausviertel ist: eine schöne Bar im Industriestil, eine freundliche Bedienung und gutes Essen. Am Abend ist es ein beliebter Ort für Drinks und auf der Toilette finden Konzerte statt.

Heumühlgasse 2, www.zweitbester.at, Tel. 019459386, Mo–Do 11.30–1.00, Fr 11.30–2.00, Sa 10.00–2.00, So 10.00–24.00 Uhr, Hauptgericht 14 €, U-Bahn U4 Kettenbrückengasse

(31) **Zur Herknerin** interpretiert das klassische Wiener *Beisl* (Gaststätte) neu. In einem ehemaligen Sanitärbetrieb hat Besitzerin Stefanie ihren Traum verwirklicht und kocht traditionelle österreichische Hausmannskost wie Gulasch, Roulade oder Rindfleischsuppe. Sie empfängt Gäste mit offenen Armen und präsentiert die wöchentlich wechselnden saisonalen Menüs persönlich am Tisch.

Wiedner Hauptstraße 36, zurherknerin.at, Tel. 069915220522, Di–Fr 17.00–22.00 Uhr, Hauptgericht 15 €, U-Bahn U1 Taubstummengasse

(34) Im Bistro **Alma** dreht sich alles um belegte Brote und Wein. Die verwendeten Zutaten sind natürlich und lokal. Es wird schnell klar, dass die Eigentümer eine Vorliebe für gute Weine haben. Die Getränkekarte ist in Geschmackskategorien wie „gemütlich und prickelnd", „frisch und fruchtig" und „charmant und lebendig" unterteilt. Pastellfarbene Glaslampen, ein riesiger Spiegel, dunkelblaue Stoffsofas und ein Mosaikboden. Kurzum, ein stilvolles und originelles Bistro.
Große Neugasse 31, www.alma-gastrotheque.at, Tel. 019974446, Mo–Fr 17.00–23.00 Uhr, belegtes Brot 12,90 €, U-Bahn U4 Kettenbrückengasse

(37) Das gemütliche **Schlossquadrat** beherbergt vier Cafés und Restaurants. Im Café Cuadro kannst du frühstücken, Burger essen und Cocktails trinken. Restaurant Margareta backt die besten Pizzen Wiens. Silberwirt ist ein österreichischer *Beisl* mit Schnitzeln und *Palatschinken*. Und für Steaks nimmst du im Gergely's Platz. Im Sommer ist der Innenhof voller Außensitzplätze.
Margaretenstraße 77, www.schlossquadr.at, Tel. 015447550, Margareta & Silberwirt tgl. 12.00–24.00, Cuadro Mo–Sa 8.00–24.00, So 9.00–23.00, Gergely's Di–Sa 18.00–24.00 Uhr, Hauptgericht ab 8 €, U-Bahn U4 Pilgramgasse

(38) **WerkzeugH** war früher Baumarkt und Tankstelle. Heute ist es eine nette Bar, in der man preiswert internationale Gerichte isst und in entspannter Atmosphäre ein Glas österreichischen Wein genießt. Der große Garten mit Holzmöbeln erstreckt sich über den gesamten Vorplatz. Drinnen ist man umgeben von vielen Pflanzen, Vintage-Möbeln und netten Menschen, viele von ihnen Studierende.
Schönbrunner Straße 61, www.werkzeugh.at, Tel. 019138728, tgl. 13.00–23.00 Uhr, Salat 6,50 €, U-Bahn U4 Pilgramgasse

(39) **Motto** ist seit über 40 Jahren eine feste Größe in Wien. 2015 wurde das Restaurant zu einem angesagten Hotspot mit rohem Industrieinterieur umgebaut. Es wird eine Mischung aus österreichischen Klassikern und Gerichten aus aller Welt serviert und du findest hier eine Cocktailbar mit leckeren Cocktails und einem DJ. Der ideale Ort für einen schönen Abend mit Essen und Trinken. Gut zu wissen: Conchita Wurst ist hier ein gern gesehener Gast.
Schönbrunner Straße 30, motto.wien, Tel. 05870672, Mo–Do & So 18.00–2.00, Fr–Sa 18.00–4.00 Uhr, U-Bahn U4 Pilgramgasse

23
APOTHEKE

13

SHOPPEN

⑫ Besitzer Niki von **Little Joe's Gang** ist ständig auf der Suche nach Vintage-Sachen. Er verkauft seine Fundstücke in seinem Laden, der bei Künstlern im Viertel beliebt ist.

Operngasse 34, Tel. 019667534, Mo–Fr 14.00–18.00, Sa 12.00–17.00 Uhr, U-Bahn U1/U2/U4 Karlsplatz

⑭ Die Entwürfe von **Gabarage** stammen von jungen Designern und bestehen aus recycelten Materialien. In der Werkstatt hinter dem Laden werden Objekte von 25 ehemaligen Drogenabhängigen hergestellt, die auf diese Weise Berufserfahrung sammeln. Du findest hier alte, zu Stühlen umfunktionierte Mülltonnen und Hängelampen aus alten Fahrradreifen.

Schleifmühlgasse 6, www.gabarage.at, Tel. 015857632, Mo–Do 10.00–18.00, Fr 10.00–19.00, Sa 11.00–17.00 Uhr, U-Bahn U1/U2/U4 Karlsplatz

⑮ Für Inhaberin Jutta Pregenzer muss Mode schick, alltagstauglich und humorvoll sein. Seit Jahren entwirft sie ihre eigenen nachhaltigen Kollektionen nur aus natürlichen Materialien. In ihrem Conceptstore **Pregenzer** verkauft sie ihre eigene Kollektion sowie Kleidung und Accessoires junger Designer und nachhaltiger Marken. Möbel, Parfums, Bücher und Zeitschriften vervollständigen das Angebot. Lass dir die stilvolle Einrichtung und den schönen Tresen nicht entgehen.

Schleifmühlgasse 4, pregenzer.com, Tel. 015865758, Mo–Fr 10.00–18.30, Sa 10.00–17.00 Uhr, U-Bahn U1 Taubstummengasse

⑯ **Hannibal** ist die Anlaufstelle für schöne Wohnaccessoires und Delikatessen. Mittlerweile gibt es fünf dieser Geschäfte in Wien. Inhaber Kurt Spet ist ein Weltenbummler und bringt gern feine Köstlichkeiten und Dinge aus aller Welt nach Wien. Hier findest du Schokolade aus Belgien, Olivenöl aus Italien, Shortbread aus Großbritannien und Senf aus Frankreich. Schön sind auch die Geschenkboxen: Je nach Anlass und Geldbeutel kannst du aus 500 Artikeln wählen und deine eigene Geschenkbox zusammenstellen

Wiedner Hauptstraße 22, www.hannibal-wien.at, Tel. 012122215, Mo–Fr 10.00–18.30, Sa 10.00–18.00 Uhr, U-Bahn U1 Taubstummengasse

⑳ **Flo** ist bei Fans von Vintage-Haute-Couture weltberühmt. Große Namen wie Stella McCartney und Marc Jacobs kamen hierher, um Kleidung zu kaufen und sich inspirieren zu lassen. Die Besitzerin hat ein Gespür für alles, was Vintage ist.
Schleifmühlgasse 15a, www.flovintage.com, Tel. 015860773, Mo–Fr 10.00–18.30, Sa 10.00–15.30 Uhr, U-Bahn U4 Kettenbrückengasse

㉑ **Babette's** ist ein ungewöhnlicher Kochbuchladen. Du findest hier englische und deutsche Kochbücher und Gewürze, die du für die Rezepte benötigst. Jeden Tag kocht die Besitzerin ein einfaches Essen für eine kleine Gruppe.
Schleifmühlgasse 17, www.babettes.at, Tel. 015855165, Mo–Fr 10.00–19.00, Sa 10.30–18.00 Uhr, U-Bahn U4 Kettenbrückengasse

㉒ Wien hat eine ganz besondere Kaffeekultur. In keiner anderen Stadt der Welt gibt es so viele verschiedene Kaffeesorten. Ob Brauner, *Melange* oder Cappuccino – es sind die Kaffeebohnen, die den Unterschied machen. Im **Alt Wien Kaffee** kommen die Bohnen in Jutesäcken aus aller Welt. Du kannst zwischen mehr als 30 Sorten wählen. Die Bohnen werden frisch gemahlen.
Schleifmühlgasse 23, www.altwien.at, Tel. 015050800, Mo–Fr 10.00–18.00, Sa 10.00–16.00 Uhr, U-Bahn U4 Kettenbrückengasse

㉜ In dem romantischen Geschäft **Feine Dinge** werden Porzellangeschirr, Vasen und Teelichter angeboten. Die Arbeiten stammen von der Österreicherin Sandra Haischberger.
Margaretenstraße 35, www.feinedinge.at, Tel. 019540918, Mo–Sa 10.00–18.00 Uhr, U-Bahn U4 Pilgramgasse

㉝ Dieser Conceptstore verkauft ungewöhnliche und originelle Stücke junger Designer, hauptsächlich aus Österreich. Hier findest du nicht nur Mode, sondern auch Schmuck, Keramik und Designobjekte. Alte Rundbögen, viel Platz und raue Wände zeichnen den Conceptstore aus. Es ist ein bisschen wie im Museum. **Unikatessen** arbeitet mit Künstlern und Designern und organisiert regelmäßig themenübergreifende Veranstaltungen und Performances, die Design, Musik, Fotografie und Kunst kombinieren.
Margaretenstraße 45, www.unikatessen.at, Tel. 019430996, Mo–Fr 12.00–19.30, Sa 12.00–18.00 Uhr, U-Bahn U4 Kettenbrückengasse

Bösendorfer

(36) Das hübsche Modegeschäft **Le Miroir** verkauft Kleidung französischer Designer wie Cop Copine und Floh. Hier findest du stilvolle, fröhliche Kleidung und Accessoires, die bezahlbar sind. Stöber nach Lust und Laune.
Strobachgasse 2, www.lemiroirwien.com, Tel. 016509413471, Di & Fr 12.00–19.00, Do 12.00–20.00 Uhr, Sa 10.00–18.00 Uhr, U-Bahn U4 Pilgramgasse

FREIZEITTIPPS

(4) Um eine extrem teure Eintrittskarte für das weltberühmte Neujahrskonzert im **Musikverein** zu ergattern, muss deine Anfrage am 2. Januar auf dem Postweg sein. Sonst nimmst du nicht an der Verlosung teil. Glücklicherweise treten die Wiener Philharmoniker auch den Rest des Jahres auf. Kenner behaupten, die Akustik des Konzertsaals sei eine der besten der Welt.
Musikvereinsplatz 1, www.musikverein.at, Tel. 015058190, Mo–Fr 9.00–20.00, Sa 9.00–13.00, Führungen tgl. 10.00, 11.00 & 12.00 Uhr, Eintritt ab 20 €, Stehplätze 5 €, Führung 7,50 €, U-Bahn U1/U2/U4 Karlsplatz

(10) Der **Naschmarkt** ist der größte und geselligste exotische Markt Wiens. Hier kannst du alles kaufen und probieren: vom indischen Curry und den frischen Nudeln bis zu Karpfen und Sushi. Viele Marktstände wurden zu kleinen Lokalen umgebaut. Samstags verkaufen lokale Bauern ihre Weine und Käsesorten, und ein Stück weiter findest du den größten *Flohmarkt* von Wien. Der Markt ist in den letzten Jahren immer touristischer und teurer geworden, aber den Wienern ist das egal.

Linke und Rechte Wienzeile, Mo–Fr 6.00–19.00, Sa 6.00–18.00, Restaurants & Bars Mo–Sa 6.00–23.00, Flohmarkt Sa 6.30–14.00 Uhr, U-Bahn U1/U2/U4 Karlsplatz

(17) Seit 1906 ist das für heutige Verhältnisse kleine Kino **Schikaneder** in Betrieb. Heute werden dort Arthouse-Filme gezeigt und nach dem Film kann man in einer Bar/einem Club etwas trinken. Dorthin kommen auch viele (Kunst-)Studierende und Kreative zum Feiern. Ab 22.00 Uhr legt ein DJ auf. Künstlerische Projektionen auf die Wand vervollständigen die Party.

Margaretenstraße 24, www.schikaneder.at, Tel. 015852867, tgl. 17.00–4.00 Uhr, Film 7,50 €, Cocktail 7,10 €, U-Bahn U4 Kettenbrückengasse

(27) Nicht umsonst nennen die Einheimischen die **Kettenbrückengasse** „Little China Town". Hier gibt es unter anderem einen chinesischen Supermarkt, eine chinesische Buchhandlung und einen chinesischen Friseur. Neben chinesischen Geschäften findest du Vintage-Läden, eine Konditorei und ungewöhnliche Designgeschäfte.

Kettenbrückengasse, U-Bahn U4 Kettenbrückengasse

(35) Ein Besuch im **Filmcasino** garantiert einen authentischen Filmabend. Das Kino aus den Fünfzigern ist eines der ältesten und kleinsten der Stadt. Die ursprüngliche Innenausstattung ist noch intakt und wirklich schön. Alle Filme werden in Originalfassung mit deutschen Untertiteln gezeigt.

Margaretenstraße 78, www.filmcasino.at, Tel. 015879062, tgl. ab halber Stunde vor Vorstellungsbeginn, Ticket ab 7,50 €, U4 Pilgramgasse

ROUTE 4

ALSERGRUND & KARMELITER

INFOS ZUR ROUTE

Für diese ziemlich lange Wanderung solltest du etwa zwei Stunden ohne Zwischenstopp einplanen. Du kannst die Strecke auch in entgegengesetzte Richtung laufen oder mit dem Fahrrad fahren. Auch dann erwartet dich am Ziel ein schönes Esslokal. Es ist spannend, in der Strudlhofgasse zu sehen, wie die Architektur des Jugendstils sich in das Straßenbild einfügt. Entdecke die Unterschiede zwischen dem schicken Stadtteil Alsergrund, dem urbanen Donaukanal und dem multikulturellen Karmeliterviertel.

DIE VIERTEL

Der Alsergrund ist das Universitätsviertel Wiens. Hier findest du nicht nur das schöne Hauptgebäude der Universität, sondern auch den lebendigen Campus. Die **Universität Wien** hat fast 100 000 Studierende. Sie geben dem eleganten Bezirk eine sehr gemütliche und dynamische Atmosphäre.

Mitten im Viertel, umgeben von einem wunderschönen Garten, liegt das **Palais Liechtenstein**. Die barocke Sommerresidenz ist heute ein Museum, in dem unter anderem Werke alter flämischer und niederländischer Meister zu sehen sind. Die Gebäude und Straßen rund um den Liechtensteinpark haben eine elegante Ausstrahlung.

Am Rande des Alsergrunds liegt der **Donaukanal**, der quer durch die Stadt verläuft. Im Sommer herrscht hier reges Treiben mit Strandbars und Terrassen.

Auf der anderen Seite des Donaukanals liegt das Karmeliterviertel. In diesem gemischten Viertel fällt die relativ hohe Zahl jüdisch-orthodoxer Bewohner auf. Das Karmeliter-Viertel boomt. Der Markt zwischen Haidgasse und Krummbaumgasse ist heute einer der Hotspots Wiens. Der Name Karmelitermarkt wurde nie offiziell festgelegt, hat sich aber eingebürgert. Zwischen den Ständen gibt es viele angesagte Essbuden und rund um den Markt findest du schöne Geschäfte und gute Restaurants. Am lebhaftesten ist der Markt am Samstagmorgen. Dann verkaufen Bauern aus der Region Käse, Wein und Honig. Um die Ecke liegt der **Augarten**, ein weitläufiger Park, der vor allem durch die riesigen Bunker (*Flakturm*) aus dem Zweiten Weltkrieg ins Auge fällt.

ALSERGRUND & KARMELITER

1. Universität Wien
2. Jonas Reindl
3. Café Français
4. Votivkirche
5. Loretta Cosima
6. Mittendrin
7. Universitätscampus
8. Strudlhofstiege
9. Liechtenstein Museum
10. Le Petit Bazar
11. Naschsalon
12. Anne Morel
13. Sigmund Freud Museum
14. La Mercerie
15. Xocolat Manufaktur
16. Suppenwirtschaft
17. Servitenkirche
18. Summerstage
19. Donaukanal
20. Postsparkasse
21. Xpedit Lager
22. Klyo
23. Strandbar Herrmann
24. Badeschiff
25. Das Loft
26. Café Ansari
27. Mochi
28. Supersense
29. Augarten
30. Skopik & Lohn
31. Karmelitermarkt
32. Cafemima
33. Pfarrkirche St. Josef
34. Wundertüte

WENIG ZEIT? DAS SIND DIE HIGHLIGHTS:
AUGARTEN + KARMELITERMARKT + STRANDBAR HERRMANN + POSTSPARKASSE + STRUDLHOFSTIEGE

TIPPS

// Du siehst verschiedene quirlige Seiten der Stadt
// Schön für den Abend
// Eine längere Route, auch zum Radfahren

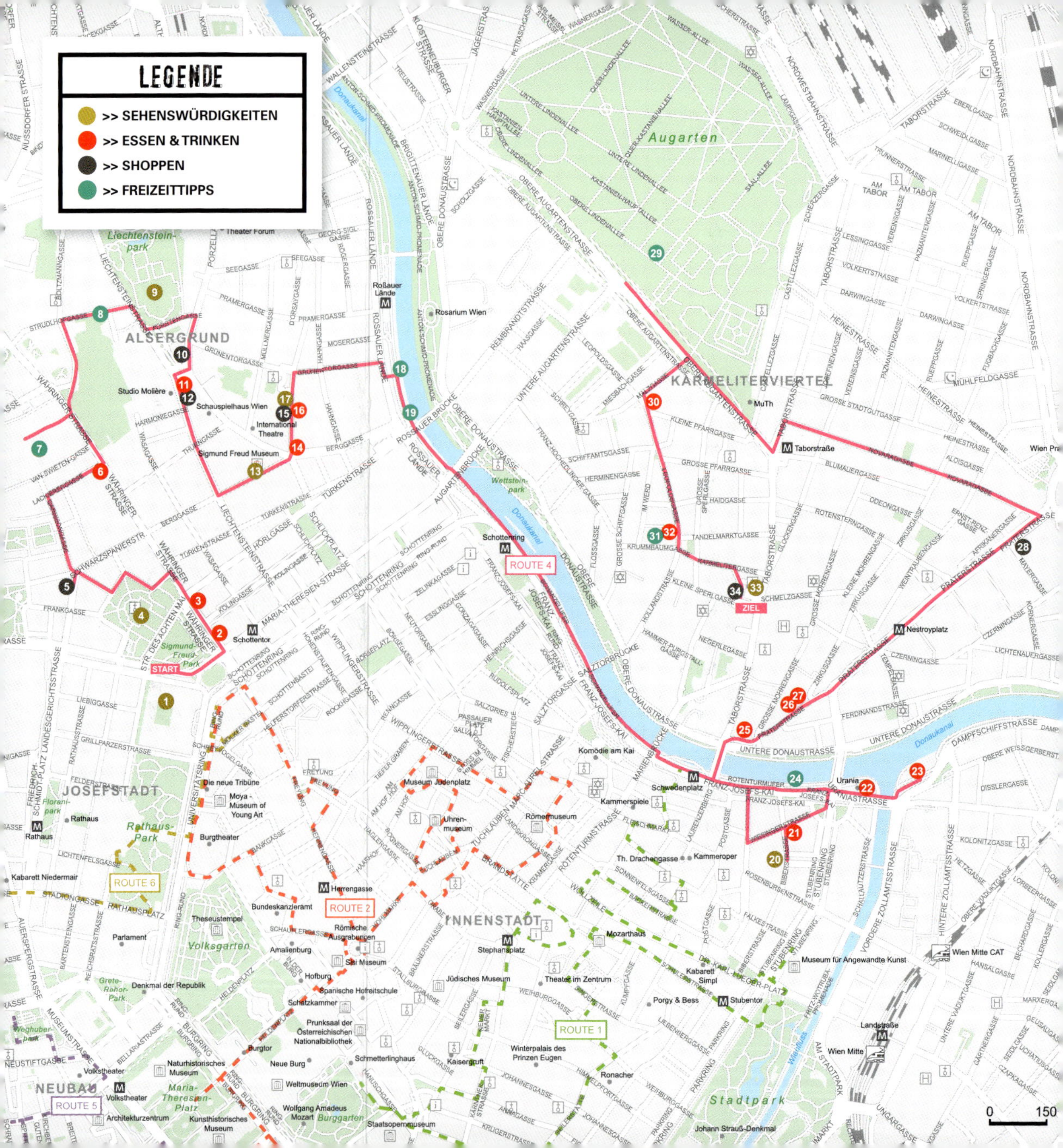

LEGENDE
>> SEHENSWÜRDIGKEITEN
>> ESSEN & TRINKEN
>> SHOPPEN
>> FREIZEITTIPPS
Augarten
ALSERGRUND
KARMELITERVIERTEL
JOSEFSTADT
INNENSTADT
NEUBAU
Liechtenstein-park
Studio Molière
Schauspielhaus Wien
International Theatre
Sigmund Freud Museum
Theater Forum
Roßauer Lände
Rosarium Wien
Wettstein-park
Donaukanal
Schottenring
Schottentor
ROUTE 4
ROUTE 2
ROUTE 1
ROUTE 5
ROUTE 6
START
ZIEL
MuTh
Taborstraße
Nestroyplatz
Wien Praterstern
Sigmund-Freud-Park
Rathaus
Rathaus-Park
Florianipark
Kabarett Niedermair
Die neue Tribüne
Moya - Museum of Young Art
Burgtheater
Parlament
Theseustempel
Volksgarten
Bundeskanzleramt
Herrengasse
Museum Judenplatz
Uhrenmuseum
Römermuseum
Komödie am Kai
Schwedenplatz
Kammerspiele
Th. Drachengasse
Kammeroper
Urania
Römische Ausgrabungen
Sisi Museum
Amalienburg
Hofburg
Spanische Hofreitschule
Schatzkammer
Prunksaal der Österreichischen Nationalbibliothek
Stephansplatz
Jüdisches Museum
Theater im Zentrum
Mozarthaus
Kabarett Simpl
Porgy & Bess
Stubentor
Museum für Angewandte Kunst
Wien Mitte CAT
Landstraße
Wien Mitte
Stadtpark
Johann Strauß-Denkmal
Winterpalais des Prinzen Eugen
Ronacher
Kaisergruft
Schmetterlinghaus
Burgtor
Neue Burg
Weltmuseum Wien
Wolfgang Amadeus Mozart
Burggarten
Staatsopernmuseum
Naturhistorisches Museum
Kunsthistorisches Museum
Maria-Theresien-Platz
Volkstheater
Architekturzentrum
Weghuber-park
Grete-Rehor-Park
Denkmal der Republik
0
150

BESCHREIBUNG ROUTE 4 (ca. 10,6 km)

Beginne den Spaziergang an der Universität Wien 1. Laufe zur Währinger Straße und trinke dort einen Kaffee 2 oder besuche ein französisches Café 3. Spaziere rund um die Votivkirche 4. Gehe aus der Ferstelgasse und biege links in die Garnisongasse ein und halte Ausschau nach dem hübschen Conceptstore 5. Gehe zurück und biege links in den anderen Teil der Garnisongasse. Biege rechts in die Lackiergasse und du kommst zur Währinger Straße, wo du für einen guten Zweck essen kann 6. Passiere den Universitätscampus 7. Biege nach rechts in die Boltzmanngasse und nimm die erste Straße rechts. Gehe die historischen Stufen hinunter 8. Biege nach rechts und dann links in die Fürstengasse ein. Du kommst an einem Palast mit wunderschönen Gärten 9 vorbei. Biege nun rechts in die Porzellangasse und laufe an einem schönen Geschenkladen 10 entlang. Dann biege rechts und links in die Liechtensteinstraße ein. Du passierst schöne Geschäfte 11 12. Die zweite Straße auf der linken Seite führt dich zum berühmten Sigmund Freud Museum 13. Setze die Route durch die Servitengasse 14 15 16 17 fort. Biege hinter der Kirche rechts ab Richtung Donaukanal 18 19. Biege rechts ab und gehe am Wasser entlang zum Schwedenplatz oder nimm die U-Bahn. Oben auf dem Schwedenplatz überquerst du die Straße und gehst rechts in die Dominikanerbastei. Die erste links, die erste rechts und du kommst zu einem Gebäude von Otto Wagner 20. Gehe zurück und besuche rechts ein italienisches Restaurant 21. Biege links ab und laufe zurück zum Wasser zu einem Kino in einer alten Sternwarte 22, einem hippen Beach Club 23 und einem Schwimmbad auf einem Boot 24. Überquere den Donaukanal über die Schwedenbrücke und biege rechts ab zur Cocktailbar im Sofitel Hotel 25. Gehe am Hotel vorbei und biege links in die Praterstraße ein. Du kommst an zwei Restaurants 26 27 vorbei. Folge der Straße bis zu einem netten Fotogeschäft/Café 28. Biege links in die Novaragasse ein, dann am Ende links und sofort wieder rechts in die Obere Augartenstraße. Du spazierst jetzt an einem großen Park 29 entlang. Biege rechts in die Malzgasse ein und laufe an einem schicken Restaurant 30 vorbei. Gehe weiter durch die Leopoldgasse bis zum Karmelitermarkt 31 32. Spaziere über die Karmelitergasse bis zu einem Platz mit Kirche 33 und Geschenkladen 34.

SEHENSWÜRDIGKEITEN

① Die **Universität Wien** ist die älteste und größte deutschsprachige Universität der Welt. Das Hauptgebäude im Neorenaissancestil ist eigentlich nur für Mitarbeiter und Studierende zugänglich, aber du kann es betreten. Auf der Galerie rund um den Innenhof stehen 154 Büsten berühmter Wissenschaftler. Vielleicht kannst du auch den Großen Festsaal besichtigen. An der Decke des Saals siehst du Werke österreichischer Meister wie Gustav Klimt.
Universitätsring 1, www.univie.ac.at, Tel. 0142770, U-Bahn U2 Schottentor

④ Im Jahr 1853 verübte ein verwirrter Schneider einen Anschlag auf Kaiser Franz Joseph. Aus Dankbarkeit für das Scheitern des Versuchs wurde die **Votivkirche** gebaut. Die neugotische Kirche mit zwei Türmen ist zu einer Ehrengalerie für Militärhelden wie Graf Salm geworden. Dieser verteidigte die Stadt im 16. Jahrhundert gegen die Türken und ist in der Kirche in einem Marmorgrab beigesetzt. Bewundere die Fresken und die farbenfrohen Buntglasfenster. Eines der Fenster auf der linken Seite ist dem Schrecken des Zweiten Weltkriegs gewidmet.
Rooseveltplatz 8, www.votivkirche.at, Tel. 014061192, Di–Sa 10.00–18.00, So 9.00–13.00 Uhr, Eintritt frei, U-Bahn U2 Schottentor

⑨ In der barocken Sommerresidenz der Adelsfamilie Liechtenstein befindet sich das **Liechtenstein Museum**. Hier hängen eine große Rubenssammlung und Werke von Raphael, Rembrandt und Van Ruysdael. Spaziere unbedingt durch die schönen Gärten. Wenn du mit Kindern unterwegs bist, ist der schöne, große Spielplatz ein Muss. Der Palast kann nur nach Voranmeldung besichtigt werden. Zweimal im Monat finden öffentliche Führungen statt.
Fürstengasse 1, www.palaisliechtenstein.com, Tel. 0131957670, zwei öffentliche Führungen pro Monat, Eintritt ab 22 €, U-Bahn U4 Roßauer Lände

⑬ Das Haus, in dem der Begründer der Psychoanalyse bis 1938 lebte, beherbergt heute das **Sigmund Freud Museum**. Sigmund Freud lebte hier, bis er durch die Deutschen zur Flucht gezwungen wurde. Du kannst Freuds Originalmöbel und Dutzende von Fotos und Notizen sehen. Es gibt auch einige persönliche Gegenstände wie Freuds Spazierstock und Hut. Die Garderobe ist seit einigen Jahren hinter Glas versteckt, da der Hut schon einmal gestohlen wurde.

4

KAAS

KEEP SMILING

Glücklicherweise bereute der Dieb seine Tat und das Museum erhielt den Hut mit der Post zurück.

Berggasse 19, www.freud-museum.at, Tel. 013191596, tgl. 10.00–18.00 Uhr, Eintritt 12 €, U-Bahn U2 Schottentor

⑰ Die **Servitenkirche** ist ein Paradebeispiel für eine Barockkirche. Der Bau wurde 1677 fertiggestellt und steht seitdem unter Leitung der Serviten, Mönche des Ordens der Diener Mariens. Der Innenraum ist sehr reich verziert, wobei das wichtigste Kunstwerk die hölzerne Statue der Maria mit dem toten Jesus auf dem Schoß (Pieta) von 1470 ist.

Servitenplatz, www.rossau.at, Mo & Fr 9.00–11.30, Do 10.00–11.30 & 17.00–18.30 Uhr, Eintritt frei, U-Bahn U4 Roßauer Lände

⑳ Otto Wagner entwarf die **Postsparkasse** Anfang des 20. Jahrhunderts im Stil der Wiener Secession, der Wiener Variante des Jugendstils. Mit strengen Formen und Materialien wie Stahl und Granit läutete er die Ära der modernen Architektur ein. Die Möbel in der großen Halle mit Glasdach wurden ebenfalls von Wagner entworfen. Auf dem Dach des Gebäudes befinden sich zwei schöne Frauenstatuen von Othmar Schimkowitz.

Georg-Coch-Platz 2, www.ottowagner.com, Tel. 015990533825, Mo–Fr 10.00–17.00 Uhr, Eintritt 8 €, U-Bahn U1/U4 Schwedenplatz

㉝ Am Karmeliterplatz steht die kleine weiße **Pfarrkirche St. Josef**. Diese barocke Kirche wird auch die ehemalige Karmeliterkirche genannt. Früher war die Kirche Teil des benachbarten Karmeliterklosters, aber dieses Gebäude wurde vor über 100 Jahren abgerissen. Schau dir unbedingt den goldenen Altar und die schöne Kanzel an.

Karmeliterplatz, www.st-leopold.at, Mo–Mi & Fr 8.00–12.00, Do 8.00–12.00 & So 17.00–19.00 Uhr, Eintritt frei, U-Bahn U2 Taborstraße

ESSEN & TRINKEN

② **Jonas Reindl** ist der Lieblingsplatz der Studierenden. Und das merkt man vor allem in den Pausen an der Universität. Es geht also recht quirlig zu. Der

Name stammt zum Teil von Bürgermeister Franz Jonas, der 1961 die Straßenbahnschleife Schottentor direkt vor der Tür baute. *Reindl* ist wienerisch für einen ovalen Kochtopf, was den zweiten Teil des Namens erklärt. Hier kann man einen *Flat White* mit leckerem Bananenbrot genießen.
Währinger Straße 2–4, www.jonasreindl.at, Mo–Fr 9.30–18.00, Sa–So 10.30–18.00 Uhr, Melange 3,40 €, U-Bahn U2 Schottentor-Universität

③ Das schöne, große **Café Français** ist ein beliebter Treffpunkt und immer gut besucht. Du kannst leckere französische Gerichte wie Quiches und *chèvre chaud* bestellen. Auch das Frühstück ist empfehlenswert.
Währinger Straße 6–8, www.cafefrancais.at, Tel. 0131903, Mo–Sa 9.00–24.00 Uhr, Frühstück 6,50 €, U-Bahn U2 Schottentor

⑥ Das Konzept von **Mittendrin** ist ganz besonders. Das Restaurant ist Teil einer Organisation, die Obdachlose und Studierende unter einem Dach wohnen und arbeiten lässt. Die Speisekarte ist klein, aber alles ist frisch zubereitet.
Währinger Straße 19, www.vinzirast.at, Tel. 01235077214, Mo–Fr 10.00–23.00, Sa 18.00–23.00 Uhr, Mittagessen 7,80 €, U-Bahn U2 Schottentor

⑪ Direkt neben dem Schuhgeschäft Anne Morel öffnete der **Naschsalon** seine Türen. Der perfekte Ort, um bei einem Caffè Latte und einem der hausgemachten Törtchen eine Pause einzulegen. Inhaberin Astrid verkauft auch Produkte wie Olivenöl und Schokolade. Künstler können ihre Werke an den Wänden ausstellen.
Liechtensteinstraße 38a, www.naschsalon.at, Tel. 06644534193, Mo–Fr 8.30–18.00, Sa 10.00–17.00 Uhr, Frühstück 8,90 €, U-Bahn U4 Roßauer Lände

⑭ **La Mercerie** bringt einen Hauch von Paris, Bordeaux und Marseille nach Wien. Dieses französische Bistro war früher ein Hut- und Taschengeschäft und eine Apotheke und das ist an den Holzschränken und -schubläden und dem schönen Fliesenboden noch deutlich zu erkennen. Es duftet nach frisch gebackenen Baguettes und Croissants. Auf der Speisekarte gibt es auch andere französische Köstlichkeiten wie Quiche und französischen Käse. Studierende, die hier arbeiten, Familien, ältere Frauen; es ist der Lieblingsplatz vieler Wiener.
Berggasse 25, Mo–Sa 8.30–19.00 Uhr, Mittagessen 8,90 €, U-Bahn U4 Roßauer Lände

20

2
COLD BREW
AFFOGATO
EISKAFFEE
ICED LATTE
ESPRESSO
CAPPUCCINO
LATTE
AMERICANO
FILTER

14
macarons
le goûter

2

25

20
II. Leopoldstadt
Große Sperl-
Gasse

A little piece of
France in Vienna!

(16) Wie der Name schon sagt, kann man in der modernen **Suppenwirtschaft** Suppe essen. Jede Woche sind andere Suppen im Angebot. Und es gibt noch mehr, denn auf der Speisekarte stehen auch leckere Salate und Currys. Du kannst die Suppe hier essen oder mitnehmen.
Servitengasse 6, www.suppenwirtschaft.at, Tel. 013176745, Mo–Fr 11.30–16.00 Uhr, Suppe 4,80 €, U-Bahn U4 Roßauer Lände

(21) Eine Besonderheit ist die Einrichtung von **Xpedit Lager** mit Lagerschränken. Genau wie die Speisekarte dieses Restaurants: Sie ist nur auf Italienisch. Wenn du etwas nicht verstehst, frag die Kellner oder bestell einfach irgendetwas. Alles ist köstlich, aber besonders die frischen Nudeln sind zu empfehlen.
Wiesingerstraße 6, www.xpedit.at, Tel. 01512331323, Mo–Fr 11.30–23.00, Sa 16.00–23.00 Uhr, Nudeln ab 13 €, U-Bahn U1/U4 Schwedenplatz

(22) Das Café-Restaurant **Klyo** befindet sich in der gleichnamigen alten Sternwarte am Donaukanal. Die Atmosphäre in diesem hellen, schick eingerichteten Restaurant ist entspannt und die Fenster erlauben einen Blick auf das berühmte Riesenrad im Prater. Jede Woche gibt es ein anderes Menü mit saisonalen Gerichten. Die Zutaten stammen nach Möglichkeit von lokalen Erzeugern. Lust auf noch mehr Unterhaltung? Schau dir unten im Kino einen Film an.
Uraniastraße 1, klyo.at, Tel. 017105946, tgl. 9.00–13.00 Uhr, Hauptgericht 13 €, U-Bahn U1/U4 Schwedenplatz

(23) Obwohl das Meer 500 Kilometer entfernt ist, hat Wien zwischen April und September seine eigenen Strandbars. An der Stelle, an der die Wien in den Donaukanal mündet, liegt ein großer, erhöhter Strandbereich mit Strandkörben und Cocktailbars. Die **Strandbar Herrmann** bietet alles, was man von einer klassischen Strandbar erwartet: viel Sand, DJs, tolle Cocktails, sonntags Yoga, Brunch am Wochenende. Und das alles mit Blick auf die Stadt.
Herrmannpark, www.strandbarherrmann.at, Tel. 0720229996, April–Sep. Mo–Do 14.00–1.00, Fr–So 10.00–1.00 Uhr, Lunch 9,90 €, U-Bahn U1/U4 Schwedenplatz

(25) Für einen spektakulären Blick auf die Stadt und die Hügel ist **Das Loft** der richtige Ort. Das Bar-Restaurant des schicken Sofitel-Hotels wurde von dem bekannten Designer Jean Nouvel entworfen. Fahre mit dem Aufzug in den

18. Stock und erfreue dich am Anblick. Die Meinungen über das Essen sind geteilt, aber die Cocktails sind definitiv klasse. Sag dem Kellner, welche Geschmacksrichtungen du magst, und er zaubert dir einen leckeren Cocktail. Unbedingt reservieren.

Praterstraße 1, www.dasloftwien.at, Tel. 01906168110, Mo–Fr 6.30–10.30 & 18.00–24.00, Sa–So 7.00–12.00 & 18.00–24.00 Uhr, Cocktail 14 €, U-Bahn U4/U1 Schwedenplatz

(26) Die freundliche georgische Besitzerin des **Café Ansari** gründete einst ihr eigenes kleines Café auf dem Karmelitermarkt. Jetzt ist ihr Traum mit diesem großen orientalischen Restaurant wahr geworden. Auf der Speisekarte findest du viele geschmackvolle und besondere Gerichte wie gegrillte Aubergine mit Couscous und Kräuterfalafel mit Gurkenjoghurt.

Praterstraße 15, www.cafeansari.at, Tel. 012765102, Mo–Sa 8.00–23.30, So 9.00–15.00 Uhr, Hauptgericht 15 €, U-Bahn U1 Nestroyplatz

(27) Aus gutem Grund ist das **Mochi** eines der beliebtesten Restaurants in Wien. Es serviert köstliche Gerichte der japanischen Küche. Am besten ist es, sich einfach überraschen zu lassen. Der freundliche Kellner bringt dir vier oder fünf Gänge mit wunderbaren kleinen Tellern voller Köstlichkeiten wie Sushi, Hülsenfrüchte, aus denen man den Samen herauslutscht, gegrillte Spieße und verschiedene Fischgerichte. Reservierungen für abends sind ein absolutes Muss. Wochentags kannst du mittags nicht reservieren, deshalb ist vielleicht dann noch ein Tisch frei.

Praterstraße 15, www.mochi.at, Tel. 019251380, Mo–Sa 11.30–22.00 Uhr, Mochi-Röllchen 11,50 €, U-Bahn U1 Nestroyplatz

(30) Eines der besten Restaurants in Wien ist das **Skopik & Lohn** mit seiner schönen, schlichten Holzeinrichtung und der kunstvoll bemalten Decke. Auf der Speisekarte stehen traditionelles Wiener Schnitzel oder Entrecote mit Sauce béarnaise und dick geschnittenen Pommes frites. Im Sommer kannst du auf der großen Terrasse vor dem Haus sitzen.

Leopoldgasse 17, www.skopikundlohn.at, Tel. 012198977, Di–Sa 18.00–1.00 Uhr, Wiener Schnitzel 22 €, U-Bahn U2 Taborstraße

(32) **Cafemima** ist der richtige Ort für einen Kaffee oder einen Bio-Brunch vor oder nach dem Marktbesuch am Samstag. Im Sommer gibt es eine Außenterrasse, von der aus du das geschäftige Treiben auf dem Markt beobachten kannst. Auch Vegetarier kommen auf ihre Kosten.

Karmelitermarkt 21–24, www.cafemima.at, Tel. 06644561217, Mo–Fr 8.30–22.00, Sa 8.00–14.00 Uhr, Melange 3,20 €, U2 Taborstraße

SHOPPEN

(5) Im Conceptstore **Loretta Cosima** verkauft die Inhaberin Valerie selbst bedruckte Produkte wie Notizbücher, Tassen und T-Shirts sowie Schmuck und Schreibwaren von anderen jungen (österreichischen) Designern. Ihr Stil ist verspielt, romantisch und humorvoll. Du wirst hier bestimmt fündig.

Garnisongasse 7, lorettacosima.at, Tel. 019926227, Mo–Fr 10.30–18.00 Uhr, U-Bahn U2 Schottentor-Universität

Nicht nichts ohne dich
aber weniger
ALL NATURAL. ALL COLA.

32
cafemima

19

(10) **Le Petit Bazar** verlässt du nicht mit leeren Händen. Wenn du dich nicht für eine rot gepunktete Kinderschürze oder eine französische Designertasche entscheidest, dann vielleicht für ein farbiges Armband oder lustiges Kindergeschirr. Der Laden ist fast zu klein für all die schönen Dinge, die verkauft werden. An der Kasse gibt es nostalgische Kaugummikugeln und Dosen mit Pfefferminz.
Porzellangasse 31a, lepetitbazar.at, Tel. 013151079, Di–Fr 11.00–18.00, Sa 10.00–13.00 Uhr, U-Bahn U4 Friedensbrücke

(12) Im Stadtteil Alsergrund leben viele Franzosen. Natürlich gibt es auch viele französische Geschäfte. Eines ist **Anne Morel**. Die charmante und freundliche Inhaberin verkauft Damenschuhe, Taschen und Schmuck mit dem gewissen „*Je ne sais quoi*". Angeboten werden unter anderem Palladium, Kickers und Jack Gomme.
Liechtensteinstraße 38, www.annemorel.at, Tel. 013176602, Mo 13.00–18.00, Di–Fr 10.00–18.00, Sa 10.00–15.00 Uhr, U-Bahn U4 Friedensbrücke

(15) Schokoliebhaber kommen in diesem schicken Geschäft voll auf ihre Kosten. Bei **Xocolat Manufaktur** findest du über 100 verschiedene Schokoladensorten, alle handgemacht. Die Auswahl reicht von klassischen dunklen Schokoladentafeln zu besonderen Varianten mit Lavendel oder Basilikum. Am Wochenende werden hier Schokoladen-Workshops angeboten. Eine Reservierung ist erforderlich.
Servitengasse 5, www.xocolat.at, Tel. 013100020, Mo–Fr 10.00–18.00, Sa 9.00–13.00 Uhr, U-Bahn U4 Roßauer Lände

(28) **Supersense** hat ein einzigartiges Konzept: Es ist professioneller analoger Fotoladen und Musikstudio in einem. Der Fotoladen ist voll gepackt mit einzigartigen analogen Kameras (einschließlich der größten Sofortbildkamera) und allerlei Fotozubehör. Im hinteren Teil des Ladens steht eine Aufzugskabine aus Holz, in der du deine eigene Vinyl-Single aufnehmen kannst. Und dann gibt es noch eine große Druckmaschine, auf der man seine eigenen Bilder drucken oder schöne Karten und Poster kaufen kann.
Praterstrasse 70, the.supersense.com, Tel. 01690832, Mo–Sa 9.30–18.00 Uhr, U-Bahn U2 Praterstern

(34) **Wundertüte** ist ein fröhlicher Laden mit farbenfrohen Kleinigkeiten, Geschenken und schönen Wohnaccessoires, z. B. blumigen Aufbewahrungskörben

und rot-weiß gepunkteten Kleiderhaken, bunten Karten und Hemden mit besonderen Aufdrucken.
Karmeliterplatz 2, www.wundertuete.at, Tel. 06642835546, Di–Fr 11.00–19.00 Uhr, Sa 10.00–16.00 Uhr, U-Bahn U2 Taborstraße

FREIZEITTIPPS

(7) Ein **Universitätscampus** ist immer spannend. Der Wiener Campus befindet sich auf dem Gelände eines ehemaligen Krankenhauses und verfügt über eine Vielzahl von Höfen. In den Gebäuden finden Vorlesungen von 16 verschiedenen Fakultäten statt. Die Atmosphäre ist freundlich und es gibt auf dem Gelände gemütliche Bars und Restaurants. Im Dezember findet ein Weihnachtsmarkt statt.
Sensengasse/Spitalgasse, U-Bahn U2 Schottentor

(8) Die 1910 errichtete **Strudlhofstiege** ist ein gutes Beispiel dafür, wie die Jugendstilarchitektur sich ins Straßenbild einfügt. 1951 wurden die zierlichen Treppen durch den österreichischen Schriftsteller Heimito von Doderer berühmt, der einen Roman und ein Gedicht nach ihnen benannte. Das Gedicht ist auf einer Gedenktafel am Fuß der Treppe eingraviert.
Strudlhofgasse, U-Bahn U4 Roßauer Lände

(18) Für einen schönen Spaziergang am Donaukanal ist die Roßauer Lände der perfekte Standort. In den warmen Sommermonaten findet hier die lebhafte **Summerstage** statt. Gute lokale Restaurants haben hier ihren eigenen Essstand, es gibt Konzerte, und der Ort ist beliebt bei jungen Leuten. Du findest eine große Terrasse und kannst dich beim Beachvolleyball vergnügen.
Roßauer Lände 17, www.summerstage.at, Tel. 0131966440, Mai–Sep. Mo–Sa 17.00–1.00 Uhr, So 15.00–1.00 Uhr, U-Bahn U4 Roßauer Lände

(19) Der **Donaukanal** ist kein echter Kanal, sondern ein Nebenarm der Donau, der vor der Stadt abzweigt und hinter der Stadt wieder in die Donau mündet. In den Sommermonaten befinden sich hier viele nette Strandbars. Von den Brücken hast du einen schönen Blick auf die beeindruckenden Häuser am Fluss.
U-Bahn U1/U4 Schwedenplatz

Füser
CER VI NUM
PASSALACQUA MEXICO

7
Tageskarte

29

(24) Das **Badeschiff** ist ein großes Freibad auf einem Boot. Hier kannst du schwimmen, in einer Ecke Fußball spielen oder auf der Sonnenterrasse einen Cocktail trinken. Ein idealer Ort für Sportbegeisterte.

Donaukanal östlich des Schwedenplatzes, www.badeschiff.at, Tel. 015130744, Schwimmbad Mai–Okt. tgl. 8.00–22.00, Bar tgl. 11.00–23.00 Uhr, Eintritt Schwimmbad 6,50 €, U-Bahn U1/U4 Schwedenplatz

(29) Der **Augarten** ist ein weitläufiger Park, der ideale Ort für Jogger und Familien mit Kindern. Der Park wird geprägt durch zwei riesige Bunker (*Flakturms*) aus dem Zweiten Weltkrieg, in dem nicht weniger als 30.000 Menschen während der Bombardierungen Schutz finden konnten. In der Mitte des Parks befindet sich das Palais Augarten, Heimat der Wiener Sängerknaben.

U-Bahn U2 Taborstraße

(31) Der **Karmelitermarkt**, auch bekannt als der „Jüdische Markt von Wien", ist seit dem 18. Jahrhundert ein gemütlicher, kleiner Nachbarschaftsmarkt mit Obst, Gemüse und österreichischen Spezialitäten. In den letzten Jahren wurde der Markt renoviert und aus einigen Ständen sind nette kleine Restaurants geworden. An Samstagen findet hier ein Bauernmarkt statt. In den Straßen rund um den Markt gibt es schöne Geschäfte.

Zwischen Leopoldsgasse, Haidgasse und Krummbaumgasse, Mo–Fr 6.00–21.00, Markt Sa 6.00–13.30 Uhr (Kneipen bis spät in die Nacht), U-Bahn U2 Taborstraße

ROUTE 5

NEUBAU & MARIAHILF

INFOS ZUR ROUTE

Diese etwa anderthalbstündige Wanderung führt dich kreuz und quer durch einige der lebendigsten und trendigsten Bezirke von Wien. Du kannst die Strecke auch mit dem Fahrrad zurücklegen. Im MuseumsQuartier erlebst du nicht nur Kultur, sondern du kannst auch einkaufen und in den vielen Cafés die Leute beobachten. Der Schwerpunkt des Spaziergangs liegt auf dem Einkaufsvergnügen und dem Genuss der lockeren Atmosphäre, weniger auf dem klassischen, herrschaftlichen Wien.

DIE VIERTEL

Neubau und Mariahilf sind beliebte, lebendige Stadtteile mit tollen Geschäften und hippen Cafés. Hier leben viele Studierende und Menschen in den Dreißigern. Dieser Teil Wiens ist ein bisschen lockerer und entspannter als andere. Beide Bezirke sind ein Paradies für Shopaholics. Hier findest du nicht nur die großen Handelsketten, sondern auch viele Designer-Boutiquen.

Hinter dem trendigen **MuseumsQuartier** liegt der Bezirk Neubau. Die ehemaligen kaiserlichen Stallungen beherbergen heute Museen, Theater und Geschäfte. Kulturinteressierte finden hier alles, was ihr Herz begehrt. Es gibt bildende Kunst, Architektur, Fotografie und Tanz und auch ein großes Kindermuseum und ein Kindertheater mit Café. Auf dem großen Platz inmitten des MuseumsQuartiers ist immer etwas los: von Literaturabenden bis hin zu Glühweinständen und Lichteffekten. In den Straßen dahinter finden sich besondere Boutiquen, Designerläden und moderne Cafés. Das Viertel **Spittelberg** besteht aus Gassen mit dörflichem Charakter. Früher war das Viertel für Prostitution bekannt, heute lebt man gern dort. Es gibt zahlreiche Restaurants und Werkstätten von Kunsthandwerkern.

Der klassische und herrschaftliche Charakter, der Wien so besonders macht, ist im Viertel Mariahilf weniger spürbar. Für Wiener Verhältnisse gibt es hier wenige monumentale und auffällige Gebäude. Das Viertel wird durch die lange, immer volle Mariahilfer Straße dominiert. Sie ist die kommerziellste Einkaufsstraße der Stadt und kontrastiert mit den gemütlichen und künstlerischen Straßen auf beiden Seiten. Von der Mariahilfer Straße führen kleine Straßen hinab Richtung Gumpendorfer Straße. Dort liegen viele Cafés, gute Restaurants und neue Geschäfte. Vor allem junge Designer und Architekten haben sich hier niedergelassen.

WENIG ZEIT? DAS SIND DIE HIGHLIGHTS:
SPITTELBERG + MUSEUMSQUARTIER + LINDENGASSE + ZOLLERGASSE + HAUS DES MEERES

TIPPS

// Für Kunstliebhaber ist das MuseumsQuartier ein Muss // Schönes Viertel für alle, die gern einkaufen // Diese Route lässt sich mit dem Rad erkunden

NEUBAU & MARIAHILF

1. MuseumsQuartier
2. Buchhandlung Walther König
3. MQ Kantine
4. Aux Gazelles
5. Top Kino
6. Ra'mien
7. Phil
8. Café Sperl
9. Saint Charles Apotheke
10. Graf&Gräfin vom Raimundhof
11. Walter Weiss
12. Mariahilfer Kirche
13. Luster
14. Haus des Meeres
15. Zollergasse
16. Herr und Frau Klein
17. Kauf Dich Glücklich
18. Lindengasse
19. Rauch Juice Bar
20. Hofmobiliendepot
21. Qwstion
22. Old Quarter Bánh Mì
23. Espresso
24. Adlerhof
25. sous-bois
26. Moby Dick
27. violettsays
28. Ulrichskirche
29. Burggasse 24
30. ULRICH
31. Schokov
32. Sneak In
33. Spittelberg
34. Die Sellerie
35. Das Möbel
36. Rote Bar
37. Ribelli

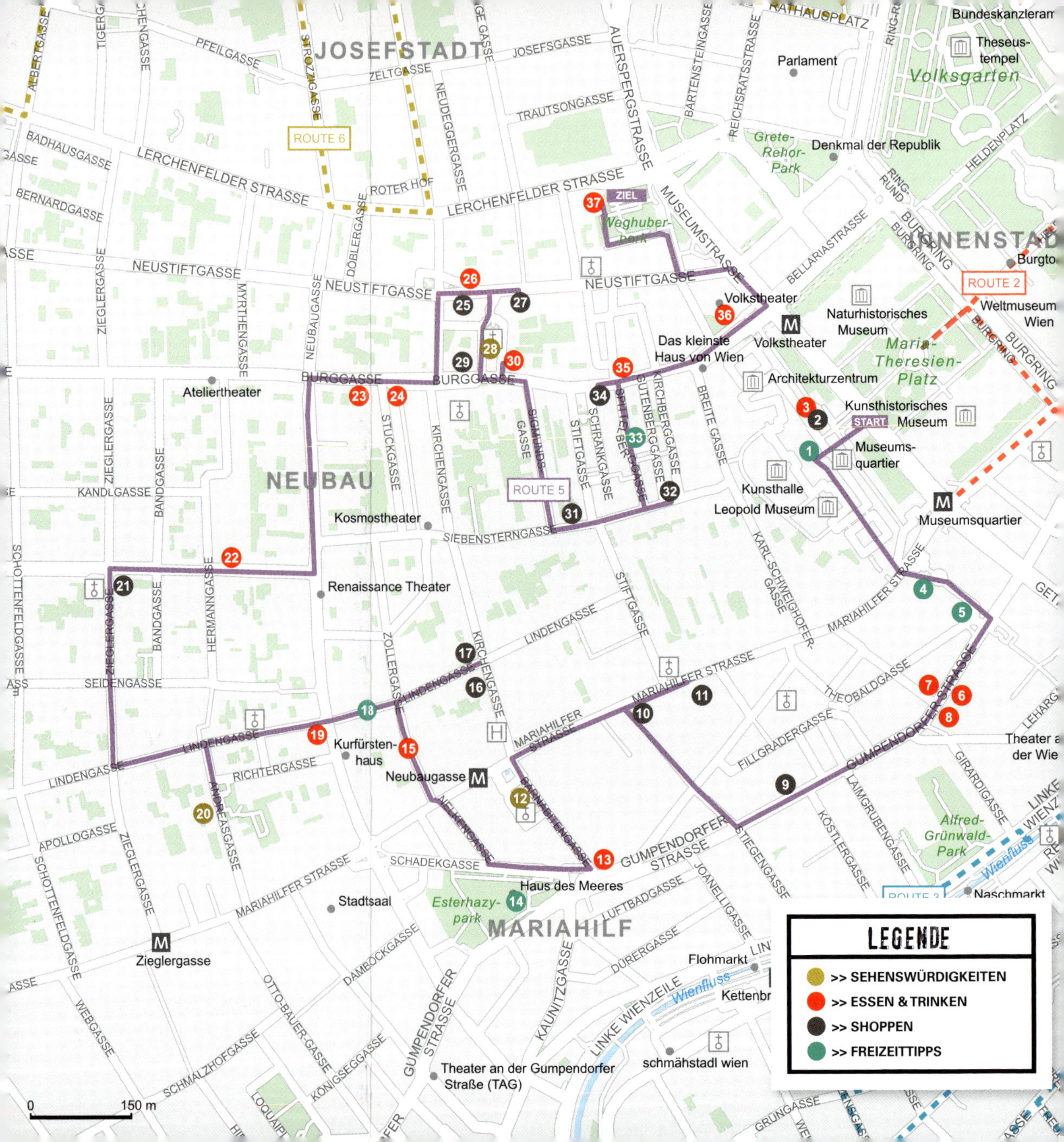
JOSEFSTADT
NEUBAU
MARIAHILF
INNENSTADT
ROUTE 6
ROUTE 5
ROUTE 2
START
ZIEL
Parlament
Theseus-tempel
Volksgarten
Bundeskanzleramt
Grete-Rehor-Park
Denkmal der Republik
Weghuber-park
Volkstheater
Naturhistorisches Museum
Maria-Theresien-Platz
Weltmuseum Wien
Das kleinste Haus von Wien
Architekturzentrum
Kunsthistorisches Museum
Museums-quartier
Kunsthalle
Leopold Museum
Museumsquartier
Ateliertheater
Kosmostheater
Renaissance Theater
Kurfürsten-haus
Neubaugasse
Haus des Meeres
Esterhazy-park
Stadtsaal
Zieglergasse
Theater an der Wien
Alfred-Grünwald-Park
Naschmarkt
Flohmarkt
Wienfluss
Theater an der Gumpendorfer Straße (TAG)
schmähstadl wien
LERCHENFELDER STRASSE
NEUSTIFTGASSE
BURGGASSE
SIEBENSTERNGASSE
MARIAHILFER STRASSE
GUMPENDORFER STRASSE
LINDENGASSE
ZIEGLERGASSE
MUSEUMSTRASSE
AUERSPERGSTRASSE
JOSEFSGASSE
0
150 m
LEGENDE
>> SEHENSWÜRDIGKEITEN
>> ESSEN & TRINKEN
>> SHOPPEN
>> FREIZEITTIPPS

BESCHREIBUNG ROUTE 5 (ca. 6 km)

Wenn du das MuseumsQuartier betrittst, kommst du in den Innenhof mit verschiedenen Museen 1, (Kunst-)Buchladen 2 und nettem Restaurant 3. Gehe links durch die Passage auf die Mariahilfer Straße. Nimm die Treppe nach unten. Du kommst an einem Hamam 4 und einem Kino 5 vorbei. Biege rechts in die Gumpendorfer Straße ein. Hier gibt es viele Restaurants und Cafés 6 7 8 und ein Stück weiter eine alte Apotheke 9. Biege rechts in die Stiegengasse ein, laufe die Treppe nach oben und gehe geradeaus in die Gasse mit der Treppe 10. An der T-Kreuzung mit der Mariahilfer Straße befindet sich rechts ein hübsches Geschäft 11. Gehe zurück zum kleinen Platz mit der Kirche 12 und weiter links an der Kirche vorbei nach unten bis zu einer trendigen Cocktailbar 13. Biege rechts ab und du siehst einen großen Bunker, in dem das Meeresaquarium untergebracht ist 14. Biege rechts in die Nelkengasse ab und überquere die Mariahilfer Straße. Gehe in die Zollergasse, wo einige Cafés 15 liegen. Biege am Café Europa rechts ab und gehe bis zu einem Kinderladen 16 und einem Conceptstore 17. Laufe zurück durch die Lindengasse vorbei an Designläden 18. Du kommst an einer Saftbar vorbei 19. Biege in die zweite Straße links ein, gehe die Andreasgasse hinunter und du siehst, wie die Kaiser ihre Häuser einrichteten 20. Spaziere zurück zur Lindengasse und gehe auf der anderen Seite hinunter zur Zieglergasse. Gehe weiter zu einem schönen Conceptstore 21. Biege rechts um die Ecke und stoppe in der Westbahnstraße für ein vietnamesisches Brötchen 22. Biege links in die Neubaugasse ab und laufe weiter zur Burggasse. Dann geht es weiter nach rechts, wo du ein Café 23 und ein Restaurant 24 findest. Biege in die Kirchengasse ein und gehe weiter zu einem Papierladen 25 und einer Cocktailbar 26. Gehe ein Stück weiter durch die Neustiftgasse zu violettsays 27. Laufe nun zurück und zum Sankt-Ulrich-Platz mit der Ulrichskirche 28. Gehe rechts von der Kirche an einem Secondhandladen bzw. einer Bar 29 vorbei. Auf der anderen Seite der Kirche findest du ein Restaurant mit Terrasse 30. Links geht's zur Burggasse. Nimm die erste Straße rechts und du bist in der Sigmundgasse. Am Ende an der Siebensterngasse biege links ab und du findest einen Schokoladenladen 31 und einen Conceptstore 32. Spaziere durch das Künstlerviertel Spittelberg 33. Zurück in der Burggasse liegt links ein Conceptstore 34 und rechts das Design-Café Das Möbel 35. Am Ende der Burggasse am linken Eck befindet sich im Theater die Rote Bar 36. Gehe links um das Theater herum, durch den Weghuberpark und zum Restaurant des 25hours Hotel 37.

SEHENSWÜRDIGKEITEN

(12) Die barocke **Mariahilfer Kirche** ist ein schöner Ruhepunkt in der hektischen Mariahilfer Straße. Die Kirche wurde Ende des 17. Jahrhunderts erbaut und war ein beliebtes Pilgerziel. Das Gemälde einer gekrönten Jungfrau Maria mit Kind war für viele Gläubige ein Zeichen der Stärke. Kaiserin Maria Theresia soll während der heiligen Messe auf dem Boden liegend weinend zur Maria gebetet haben.
Barnabitengasse 14, www.pfarremariahilf.at, tgl. 7.00–18.00 Uhr, Eintritt frei, U-Bahn U3 Neubaugasse

(20) In einem Teil eines ehemaligen kaiserlichen Möbellagers ist das **Hofmobiliendepot** untergebracht. Hier sieht man, wie die österreichischen Kaiser und Kaiserinnen, von Maria Theresia bis Karl I., ihre Häuser einrichteten. Tische, Stühle, Gemälde sowie ganze Räume sind zu sehen. Neben der Dauerausstellung gibt es Wechselausstellungen zeitgenössischer Möbeldesigner und Architekten.
Andreasgasse 7, www.hofmobiliendepot.at, Tel. 015243357, Di 10.00–18.00 Uhr, Eintritt 9,50 €, U-Bahn U3 Neubaugasse

(28) Die barocke **Ulrichskirche** von 1724 nimmt fast den gesamten Ulrichsplatz ein. Dieser Platz war einst der zentrale Platz eines Dorfs außerhalb der Stadtgrenzen. Die Kirche ist von prächtigen Patrizierhäusern umgeben. Das Kircheninnere ist nur während eines Gottesdiensts oder eines Konzerts zu sehen.
Ulrichsplatz, stulrich.com, Mo 8.00–11.00 & 17.00–18.30, Mi 15.00–18.30, Do 8.00–11.00, Fr 8.00–11.00 Uhr, Eintritt frei, U-Bahn U2/U3 Volkstheater

ESSEN & TRINKEN

(3) Die **MQ Kantine** mit ihrer großen Terrasse ist im Sommer ein absoluter Hotspot. Dieses entspannte und gemütliche Restaurant zieht ein breites Publikum an: Museumsbesucher und Touristen, Studierende und Einheimische. Die Gerichte sind erschwinglich, hausgemacht und haben eine internationale Note. Egal, ob zum Frühstück, Mittag- oder Abendessen – man bleibt meist länger als geplant.
Museumsplatz 1, www.mq-kantine.at, Tel. 015238239, So–Do 10.00–24.00, Fr–Sa 10.00–1.00 Uhr, Wein 2,90 €, U-Bahn U2/U3 Volkstheater

12

12

HOW WE BUILD

7

⑥ Gutes asiatisches Essen gibt es im hellen und schlichten **Ra'mien**. Du bestellst ein Curry mit Hähnchen und Bambus oder gegrilltes Lammfleisch. Für den kleinen Hunger gibt es leckere Suppen. Bei schönem Wetter wird die Glaswand beiseitegeschoben. Unten in der Bar kann man tanzen und Cocktails trinken.
Gumpendorfer Straße 9, www.ramien.at, Tel.015854798, Di–So 11.00–24.00 Uhr, Nudelsuppe 8,90 €, U-Bahn U2 Museumsquartier

⑦ Bei **Phil** kannst du mit einer *Melange* oder einem Bier entspannen oder ein Buch lesen. Und es anschließend auch kaufen, denn Phil ist sowohl Café als auch Buch- und Musikladen. Das zusammengewürfelte Mobiliar, die entspannte Musik und das gemischte Publikum tragen zur angenehmen und lockeren Atmosphäre bei. Man braucht ein bisschen Glück, um einen Platz zu finden.
Gumpendorfer Straße 10–12, phil.business.site, Tel. 015810489, Mo 15.00–23.00 Uhr, Di–Sa 9.00–1.00 Uhr, So 9.00–23.00 Uhr, Frühstück 6 €, U-Bahn U2 Museumsquartier

⑧ **Café Sperl** verbindet Wiener Grandezza mit einem Hauch von Nostalgie. Alle Zutaten eines echten Wiener Kaffeehauses findest du hier: Kuchen nach einem Geheimrezept, köstliche *Melange* mit einem Glas Wasser auf einem Silbertablett und einen „mürrischen Kellner" im abgewetzten Smoking.
Gumpendorfer Straße 11, www.cafesperl.at, Tel. 015864158, Mo–Sa 7.00–20.00 Uhr, So 10.00–20.00 Uhr, Melange 4,10 €, U-Bahn U2 Museumsquartier

⑬ Die Attraktion dieses neuen Hotspots ist der beeindruckende Kronleuchter, der wie ein großes, in der Luft schwebendes Flaschenregal aussieht. Dazu Backsteinwände, viel Metall und Glas, und schon hat man eine Bar, die ein bisschen an eine angesagte New Yorker Cocktailbar erinnert. Bei **Luster** bekommst du eine Thai-Massage, aber in etwas anderer Form: einen köstlichen Cocktail aus Gin, Vanille, Zitronengras und Honig-Chili-Sirup. Du kannst auch amerikanisch inspirierte Bar-Snacks bestellen: Hot Dogs, Tacos und Sandwiches.
Windmühlgasse 32, www.luster.bar, Tel. 012642364, Mo–Sa 18.00–1.00 Uhr, Cocktail 11 €, U-Bahn U3 Neubaugasse

⑮ Die **Zollergasse** liegt im Herzen des hippen und kreativen Wiens. Hier findest du ein tolles Café neben dem anderen. In der Kaffeebar **kaffemik** (Nr. 5) trinkst du großartigen Kaffee von wechselnden Kaffeeröstern. In **Ganz Wien** (Nr. 15) gibt es

laut Kennern den besten Gin Wiens. Das **Café Liebling** (Nr. 6) serviert Frühstück, Mittagessen und Imbisse. Wer hier eintritt, fühlt sich wie auf einer Baustelle. Rohre entlang der Backsteinwände, Kabel an den Wänden ... Aber man merkt schnell, dass hier jedes Detail stimmt. Dann gibt es noch das **Café Europa** (Nr. 8), ein alteingesessener Name im Wiener Nachtleben. Ein lebendiges Café, in dem du zu jeder Tageszeit ein Getränk oder einen leckeren Snack bekommst.
Zollergasse, U-Bahn U3 Neubaugasse

⑲ Um Aufmerksamkeit zu erregen, bekam die 2013 eröffnete **Rauch Juice Bar** die auffälligste und kitschigste Fassade der gesamten Neubaugasse. Aber zum Glück darf sie auffallen, denn hier gibt es köstliche Säfte, Smoothies und Vitamin-Shots, allesamt frisch zubereitet. Drinks mit Namen wie Adonis, Black Mamba oder Exotic Date machen den Tag perfekt.
Neubaugasse 13, www.rauchjuicebar.cc, Tel. 05522401209, Mo–Do 8.00–18.00, Fr 8.00–18.30, Sa. 9.00–18.30, So 11.00–18.00 Uhr, frischer Saft 4,25 €, U-Bahn U3 Neubaugasse

㉒ Die vietnamesische Sandwich-Bar **Old Quarter Bánh Mì** serviert Baguettes im *Vietnamese style*. Die Franzosen brachten das Baguette während der Kolonialzeit nach Vietnam. Die Vietnamesen haben das Rezept mit 30 Prozent Reismehl verfeinert. Das Ergebnis kannst du hier probieren. Die Baguettes sind mit vietnamesischen Zutaten wie Pulled Chicken, Tofu, Daikon-Pickles und Koriander gefüllt. Du kannst dein Sandwich hier essen oder mitnehmen. Eine nette kleine Snackbar, die beweist, dass vietnamesisches Streetfood nicht unbedingt Fast Food sein muss.
Westbahnstraße 10, www.oldquarter.at, Tel. 06642701790, Mo–Do 11.30–20.00, Fr 11.00–20.00 Uhr, U-Bahn U3 Neubaugasse

㉓ **Espresso** ist ein kleines Café im Stil der 50er-Jahre mit Designerstücken wie einem schönen Garderobenständer und einem altmodischen Zigarettenautomaten. Die alte Gewölbedecke muss einst zu einer Kapelle gehört haben. Es herrscht eine angenehme und entspannte Atmosphäre. Täglich wird ein köstliches Mittagsmenü serviert und du kannst selbst gemachte Bio-Limonade bestellen. Ein beliebter Ort für Studierende und Menschen in den Dreißigern, auch am Abend.
Burggasse 57, www.espresso-wien.at, Tel. 06765961645, Mo–Fr 8.00–23.00 Uhr, Mittagessen 9 €, U-Bahn U2/U3 Volkstheater

15

6

15

(24) Der **Adlerhof** ist für alle, die gutes Essen und ein schönes Interieur mögen. Die Inneneinrichtung ist prachtvoll. Vom Wintergarten unter den Dachfenstern und der schmiedeeisernen Treppe bis zur Bar aus Holz, den vielen Grünpflanzen und der alten Vintage-Tapete ... Das alles trägt zur gemütlichen Atmosphäre bei. Du kannst hier frühstücken, zu Mittag und zu Abend essen. Außerdem gibt es eine kleine Lebensmittelecke, in der täglich frische Produkte verkauft werden.
Burggasse 51/6, www.adlerhof.wien, Tel. 015224905, tgl. 6.30–2.00 Uhr, Frühstück 10 €, U-Bahn U2/U3 Volkstheater

(26) In der Cocktailbar **Moby Dick** lautet das Motto: *No waste, just taste*. Nachhaltigkeit ist hier wichtig: Upcycling, wenig Abfall, geringer Wasser- und Stromverbrauch, Vermeidung umweltschädlicher Materialien und Verwendung biologischer/regionaler Produkte. Die Cocktails sind sehr originell (mit hausgemachten Likören, Bitter und Sirupen) und das Essen ist köstlich. Gut zu wissen: Der Name Moby Dick ist wohl kein Zufall, denn der Besitzer heißt Sammy Walfisch.
Neustiftgasse 26, mobydickvienna.at, Tel. 019974279, Mo–Mi 18.00–23.00, Do–Sa 18.00–1.00 Uhr, Cocktail 12 €, U-Bahn U2/U3 Volkstheater

(30) Bei **ULRICH** werden die leckersten Frühstücke zubereitet. Hier gibt es kein Büfett, aber eine Riesenauswahl. Neben vielen herzhaften Speisen kannst du das Frühstück *Sweet Pleasure* wählen. Sehr empfehlenswert für alle Naschkatzen. Am Abend kannst du hier essen, aber auch köstliche Cocktails und Smoothies trinken. Das Interieur ist industriell. Den kleinen Bruder ERICH findest du, wenn du an der Kirche nach unten läufst.
Sankt-Ulrichs-Platz 1, www.ulrichwien.at, Tel. 019612782, Mo–Fr 7.30–1.00, Sa–So 9.00–1.00 Uhr, Frühstück 10 €, Melange 3,90 €, U-Bahn U2/U3 Volkstheater

(35) Alle Möbel bei **Das Möbel** stammen von jungen Designern. Und nach einem Getränk, Frühstück oder Mittagessen kannst du sie gleich kaufen. Am Wochenende lädt ein Frühstücksbüfett ein.
Burggasse 10, www.dasmoebel.at, Tel. 01524949713, So–Mi 9.00–24.00, Do 9.00–1.00 Uhr, Wein 2,80 €, U-Bahn U2/U3 Volkstheater

(36) Die **Rote Bar**, die Bar im Volkstheater, ist eine der besten Abend- und Nachtlokale. Im Inneren ist tatsächlich alles rot. Das Angebot variiert: Manchmal gibt es Partys, manchmal spielt ein DJ und manchmal gibt es Livemusik. Den Eingang an der Seite des Theaters musst du suchen. Einmal drinnen, geht es über Treppen und durch Gänge. Man hat das Gefühl, dass man dort nicht kommen darf, aber anscheinend schon.
Neustiftgasse 1, www.volkstheater.at/spielstaette/rote-bar, Tel. 069915015014, Mo–Fr 22.00–2.00, Sa 22.00–4.00, So 22.00–1.00 Uhr, Wein 2,80 €, U-Bahn U2/U3 Volkstheater

(37) Das gemütlich eingerichtete Restaurant **Ribelli** in der unteren Etage des 25hours Hotel ist ein beliebter Treffpunkt in Wien und einer der angesagtesten Orte der Stadt. Blickfang ist die riesige Bar in der Mitte, dahinter befinden sich der große Pizzaofen und die Salumeria, in der alle Salamis und Wurstwaren aufgeschnitten werden. Hier isst du köstliche italienische Pizzen, Pasta, Salate ... 90 Prozent aller Produkte und Zutaten werden aus Italien importiert. Nimm unbedingt den Aufzug in die oberste Etage: Dort gibt es eine coole Bar mit tollem Blick über die Stadt.
Lerchenfelder Straße 1–3, www.ribelli-restaurant.com, Tel. 0152151845, tgl. 12.00–23.00 Uhr, Pizza 12,50 €, U-Bahn U2/U3 Volkstheater

SHOPPEN

② Die **Buchhandlung Walther König** ist gleichzeitig Verlag und Buchhandlung für Bücher über internationale Kunst, Architektur, Design, Mode, Fotografie, Film ... In diesem 250 Quadratmeter großen Geschäft bist du eine Weile beschäftigt. Der Shop im MuseumsQuartier ist die erste und einzige Niederlassung in Österreich.

Museumsplatz 1a, www.buchhandlung-walther-koenig.de, Tel. 0151285880, Mo–Sa 10.00–19.00, So 12.00–19.00 Uhr, U-Bahn U3 Volkstheater

⑨ In der **Saint Charles Apotheke** kann man Pillenröhrchen wie in einer normalen Apotheke kaufen, aber es gibt auch eine riesige Auswahl an hochwertigen Kosmetika. Viele Artikel sind von der Apotheke selbst entwickelt. Auf der anderen Straßenseite befindet sich Alimentary, das kleine Apothekenrestaurant, in dem man nach Vereinbarung mit acht Personen essen kann.

Gumpendorfer Straße 30, www.saint-charles.eu, Tel. 015861363, Mo–Fr 8.00–18.00, Sa 8.00–12.00 Uhr, U-Bahn U4 Kettenbrückengasse

⑩ Der Raimundhof steht in starkem Kontrast zur belebten Mariahilfer Straße nebenan. In der Mitte des Hofs befindet sich das proppenvolle **Graf&Gräfin vom Raimundhof**. Hier findest du schöne bunte Taschen und Geldbörsen, Schmuck und witzige Geschenke. Es ist unmöglich, alles zu sehen, aber der freundliche Besitzer hilft gern weiter. Weil eine Gräfin nicht ohne einen Grafen auskommen kann, ist das männliche Pendant auf der anderen Straßenseite.

Mariahilfer Straße 45, www.grafundgraefin.at, Tel. 015850630, Mo–Do 11.00–18.00, Fr 11.00–19.00, Sa 11.00–17.00 Uhr, U-Bahn U3 Neubaugasse

⑪ Das etwas altmodische, exklusive Fachgeschäft für Körperpflege **Walter Weiss** hebt sich von den vielen Kaufhäusern in der Straße ab. Das Familienunternehmen ist spezialisiert auf Pflegeprodukte für Männer und Frauen. Auch im Angebot: ein Rasierpinsel aus Büffelhorn und Dachshaar in einem Kalbslederetui mit Ziegenvelourbesatz.

Mariahilfer Straße 33, www.walterweiss.at, Tel. 015879391, Mo–Fr 10.00–18.30, Sa 10.00–17.00 Uhr, U-Bahn U3 Neubaugasse

One of the hippest bars in the city!

⑯ **Herr und Frau Klein** ist eine Boutique mit einer schönen Auswahl an Baby- und Kindersachen. Von Spielzeug über Kleidung bis hin zu lustigen Accessoires gibt es hier alles. Auch wer kein Kleinkind zu Hause hat, findet garantiert ein schönes Geschenk.

Kirchengasse 7, www.herrundfrauklein.com/shop, Tel. 019904394, Mo–Sa 10.00–18.00 Uhr, U-Bahn U3 Neubaugasse

⑰ Angefangen hat alles mit leckeren Waffeln und einem gemütlichen Café in Berlin. Viele Jahre später ist **Kauf Dich Glücklich** nun auch in Wien zu finden als schöner Conceptstore mit Kleidung, Wohnaccessoires, Kosmetik, Büchern, Musik ... Du findest hier eine Mischung aus skandinavischen Marken wie Minimum, Selected, Cheap Monday und die eigene Hausmarke. Du kannst nach Herzenslust stöbern und Sachen anprobieren. Du wirst mit deinen Einkäufen ganz bestimmt glücklich!

Kirchengasse 9, www.kaufdichgluecklich-shop.de, Tel. 019247755, Mo–Fr 10.00–20.00, Sa 10.00–18.00 Uhr, U-Bahn U3 Neubaugasse

(21) Funktionalität und minimalistisches Design prägen die Kollektionen dieser Schweizer Taschenmarke. Der Conceptstore **Qwstion** im trendigen 7. Bezirk verkauft auch Accessoires und Kleidung von jungen, internationalen Designern und Marken. Du kannst zudem gemütlich einen Kaffee trinken. Kaffeehaus Wolfgang und das Taschenlabel sind unter einem Dach vereint. Sie servieren Kaffee lokaler Röster und süße Leckereien. Das Angebot wechselt regelmäßig.
Zieglergasse 38, www.qwstion.com, Tel. 015222064, Mo–Fr 11.00–19.00, Sa 11.00–18.00 Uhr, U-Bahn U3 Neubaugasse

(25) **sous-bois** ist zweifelsohne eines der schönsten Schreibwarengeschäfte Wiens. Inhaberin Chloé ist Grafikdesignerin und wählt ihre Produkte sehr sorgfältig aus, wobei sie besonders auf Unikate und schön gestaltete Dinge achtet. Nebenan befindet sich ein Café. Hier kannst du frühstücken, zu Mittag essen oder eine Tasse Kaffee trinken.
Neustiftgasse 33, www.sous-bois.at, Tel. 069913066878, Laden Mo–Sa 11.00–18.00, Café Mo–Sa 9.00–22.00, So 10.00–18.00 Uhr, U-Bahn U3 Volkstheater

(27) Flippige T-Shirts, bunter Schmuck und trendige Taschen. Die drei Freundinnen und Designerinnen von **violettsays** haben viel Spaß und das sieht man ihren Entwürfen auch an. Sie sagen, ihr Label sei für glückliche Frauen und coole Männer.
Neustiftgasse 23, www.violettsays.at, Tel. 069910630330, Di 15.00–19.00, Mi–Fr 11.00–19.00, Sa 11.00–17.00 Uhr, U-Bahn U2/U3 Volkstheater

(29) Das ist das Ergebnis, wenn eine Stylistin, ein Cafébesitzer und ein Fotograf aufeinandertreffen: **Burggasse 24**, ein Conceptstore für Secondhand-Liebhaber mit angeschlossener Bar und Ausstellungsraum. Kein muffiger und überladener Vintage-Shop, sondern ein schönes Geschäft mit sorgfältig ausgewählten und nach Farben sortierten Kleidungsstücken. Hast du dein perfektes Vintage-Stück gefunden? Dann kannst du dich in der Bar nebenan niederlassen und einen herrlichen Kaffee und ein leckeres Stück Kuchen genießen. Das Interieur des Cafés ist so vintagemäßig wie die Kleidung im Laden. Du sitzt zwischen Straßenlaternen, einem Aufzug, Palmen und einem warmen Holzofen und das alles mit dem Flair von New York, Paris und London.
Burggasse 24/8, www.burggasse24.com, Tel. 067761641784, Laden Mo–Fr 11.00–19.00, Sa 11.00–18.00, Café tgl. 10.00–22.00 Uhr, U-Bahn U2/U3 Volkstheater

(31) Ein Geheimtipp für Schokoholics: Im hochmodernen **Schokov** findest du mehr als 200 Schokoladensorten. Schokoladen mit 100 Prozent Kakao, mit Basilikum und Zitrone, mit Lavendel oder laktosefreie vegane Schokolade: Hier gibt es alles. Viele meinen, hier werde die beste heiße Schokolade des Lands serviert.
Siebensterngasse 20, www.schokov.com, Tel. 066488513145, Mo–Fr 12.00–18.30, Sa 10.00–18.00 Uhr, U-Bahn U2/U3 Volkstheater

(32) Der Conceptstore **Sneak In** ist in zwei Bereiche unterteilt: rechts ein Sneaker- und Bekleidungsgeschäft und links ein Café. Hier gibt es eine Auswahl an ausgefallenen Sneakern und stilvoller Kleidung, Taschen und Accessoires. Das Café ist bekannt für sein Brunchbüfett am Sonntag, ein echter Tipp. Und du wirst feststellen: Es ist schwierig, einen Tisch zu reservieren. Das Büfett ist reichhaltig und hier geht keiner mit leerem Magen nach Hause.
Siebensterngasse 12, www.sneakin.at, Tel. 06642797557, Di 9.00–22.00, Fr 9.00–1.00, Sa 10.00–1.00 Uhr, U-Bahn U2/U3 Volkstheater

(34) Aufgrund der Sorgfalt, mit der es seine Waren auswählt und präsentiert, bezeichnet sich das Wiener Designer-Trio, das **Die Sellerie** betreibt, selbst als „Kuratoren". In diesem trendigen Laden findest du zeitgenössische Drucke, Bücher, Schreibwaren, Wohnaccessoires und andere schöne Dinge von (jungen) europäischen Designern.
Burggasse 21/1, www.diesellerie.com, Tel. 066912109304, Fr 11.00–19.00, Sa 11.00–17.00 Uhr, U-Bahn U2/U3 Volkstheater

FREIZEITTIPPS

(1) In den ehemaligen kaiserlichen Stallungen liegt das hippe **MuseumsQuartier** (MQ) mit Museen, Theatern, Restaurants und Geschäften. Das Leopold-Museum hat die größte Sammlung von Werken des österreichischen Künstlers Egon Schiele sowie Werke anderer moderner Meister wie Klimt und Kokoschka. Zeitgenössische Kunst ist im MUMOK (Museum Moderner Kunst) und in der Kunsthalle zu sehen. Im Sommer kannst du im Innenhof entspannen und den DJs lauschen. Im Winter gibt es einen modernen Weihnachtsmarkt.
Museumsplatz 1, www.mqw.at, Tel. 015235881, U-Bahn U2 Museumsquartier

29
BURG

29

11
BLOC
OSMA

1
Relax at MuseumsQuartier

1
Museum Moderner Kunst
Stiftung Ludwig
Wien
678
TACITA DEAN

④ Der Hamam im **Aux Gazelles** ist ideal, wenn der Wiener Himmel grau über der Stadt hängt. In diesem marokkanischen Badehaus kannst du aus allen Arten von Behandlungen und Massagen wählen. Im Dampfbad liegst du auf warmen Marmorplatten. Danach trinkst du entspannt eine Tasse frischen Pfefferminztee in der Teestube. Für das Hamam ist eine Reservierung erforderlich.
Rahlgasse 5, www.auxgazelle.mytreatwell.at, Tel. 015856645, Di–Sa 14.00–22.00, Sa 11.00–22.00 Uhr, Eintritt ab 28 €, U-Bahn U2 Museumsquartier

⑤ **Top Kino** ist ein unabhängiges Kino mit gemütlichem, informellem Charakter. Es zeigt viele Kunst- und Dokumentarfilme in Originalfassung mit deutschen Untertiteln. Manchmal gibt es auch kleine Festivals. Die Bar ist auch dann schön, wenn du dir keinen Film anschaust. Hollywood-Filme auf Englisch findest du im Haydn Kino, Mariahilfer Straße 57.
Rahlgasse 1, www.topkino.at, Tel. 012083000, tgl. 11.00–13.00 Uhr, Kinokarte 7,50 €, U-Bahn U2 Museumsquartier

⑭ Das **Haus des Meeres** ist in einem der sechs *Flaktürme* Wiens untergebracht. Dieser 55 Meter hohe, kolossale Bunker wurde innen in ein subtropisches Aquarium verwandelt. Du siehst hier wunderschöne bunte Fische, Haie, Affen, Schlangen und Fische, die man sogar anfassen kann.
Fritz-Grünbaum-Platz 1, www.haus-des-meeres.at, Tel. 015871417, tgl. 9.00–20.00 Uhr, Eintritt 19,90 €, U3-Neubaugasse

⑱ In und um die **Lindengasse** gibt es viele schöne Designgeschäfte. Wie beispielsweise die weiße Boutique Wabisabi mit schöner Kleidung in Schwarz und Weiß. Im Stil-Laden findest du trendige Turnschuhe und Skatersachen. Für witzige Handtaschen und Rucksäcke ist Ozelot die richtige Anlaufstelle.
Lindengasse, U-Bahn U3 Neubaugasse

㉝ In **Spittelberg** glaubt man, in einem alten Dorf irgendwo in der Provinz zu sein. Dieses künstlerische und romantische Viertel mit seinen kleinen Straßen mit alten, renovierten Häusern ist ein beliebter Wohnort der Wiener. Hinter den Biedermeierfassaden befinden sich zahlreiche Restaurants und Bars. Im Dezember verwandeln sich die Straßen in einen großen Weihnachtsmarkt.
Spittelberg, www.spittelberg.at, U-Bahn U2/U3 Volkstheater

ROUTE 6

JOSEFSTADT & YPPENPLATZ

INFOS ZUR ROUTE

Für diese Strecke solltest du eine Stunde einplanen. Du bekommst hier einen Eindruck von den eleganten Verwaltungsgebäuden vom Anfang des 19. Jahrhunderts und dem städtischen Leben der verschiedenen Bevölkerungsgruppen innerhalb und außerhalb des Gürtels. In den Cafés und auf dem Brunnenmarkt erlebst du die besondere Atmosphäre des Viertels. Der Spaziergang ist ideal für Besucher, die zum ersten Mal in Wien sind, aber auch für alle, die schon einmal hier waren. Du kannst die Strecke auch mit dem Fahrrad zurücklegen.

DIE VIERTEL

Das gigantische **Rathaus** ist eines der Wahrzeichen der Stadt. Auf dem Platz vor dem Rathaus ist immer etwas zu erleben. Von Mitte November bis zum 23. Dezember findet dort der Weihnachtsmarkt statt, der meistbesuchte der Stadt. Dann sind die Bäume mit Lichtern in Form von Geschenken, Schneemännern, Schneeflocken und Geigen geschmückt. Im Januar und Februar wird eine riesige Eislaufbahn aufgebaut und während der Sommermonate werden Filme von Konzerten und Opern auf einer großen Leinwand gezeigt.

Hinter dem Rathaus liegt die **Josefstadt**, der kleinste Bezirk der Stadt, benannt nach Kaiser Joseph I. Es ist ein relativ junger Bezirk, denn bis Mitte des 17. Jahrhunderts war das Gebiet Teil eines Gutshofs und bestand aus Feldern und Weinbergen. Die Josefstadt hat eine ganz andere Atmosphäre als die benachbarten Bezirke Alsergrund und Neubau. Nicht nur viele Studierende und junge Familien wohnen hier, sondern auch ältere, wohlhabende Wiener, die gern die eher dörfliche Atmosphäre genießen. Es wimmelt von Cafés und Restaurants. Außerdem gibt es viele besondere Boutiquen. Die lange, belebte **Josefstädter Straße** mit ihren unzähligen Geschäften führt vom Zentrum zum Gürtel, der breiten Straße, die die Stadt umgibt. Auf der anderen Seite des Gürtels liegt der Brunnenmarkt, ein großer Markt, der seit dem 18. Jahrhundert abgehalten wird.

JOSEFSTADT & YPPENPLATZ

Die Mehrheit der Bevölkerung in diesem traditionellen Arbeiter- und Industrieviertel ist türkischer und griechischer Herkunft, was sich auf dem bunten Markt und in den umliegenden Geschäften zeigt. Einheimische schlendern gern an den exotischen Ständen entlang. Der lange Markt mit 160 Ständen endet am boomenden **Yppenplatz**. Hier findest du zahlreiche nette und trendige Restaurants mit gemütlichen Terrassen.

WENIG ZEIT? DAS SIND DIE HIGHLIGHTS:
RATHAUS + WEINSTUBE JOSEFSTADT + PIARISTENKIRCHE + BRUNNENMARKT + CAFÉ FLORIANIHOF

1. Wein & Co
2. Mölker Bastei
3. Demmers Teehaus
4. Café Landtmann
5. Rathausplatz
6. Rathaus
7. Parlament
8. Mala
9. Theater in der Josefstadt
10. Hildebrandt Café
11. People On Caffeine (POC)
12. Crème de la Crème
13. 's Fachl
14. Piaristenkirche
15. Il Sestante
16. Café der Provinz
17. Weinstube Josefstadt
18. Es gibt Reis
19. Gummistiefelhaus
20. Stor
21. Viola
22. muso koroni
23. SI Scarpe Italiane
24. Kaffeemodul
25. Hold
26. Café Florianihof
27. Café Hummel
28. CupCakes
29. Pars
30. Das Kleine Paradies
31. Brunnenmarkt
32. Staud's
33. Wetter
34. Dolce Lago

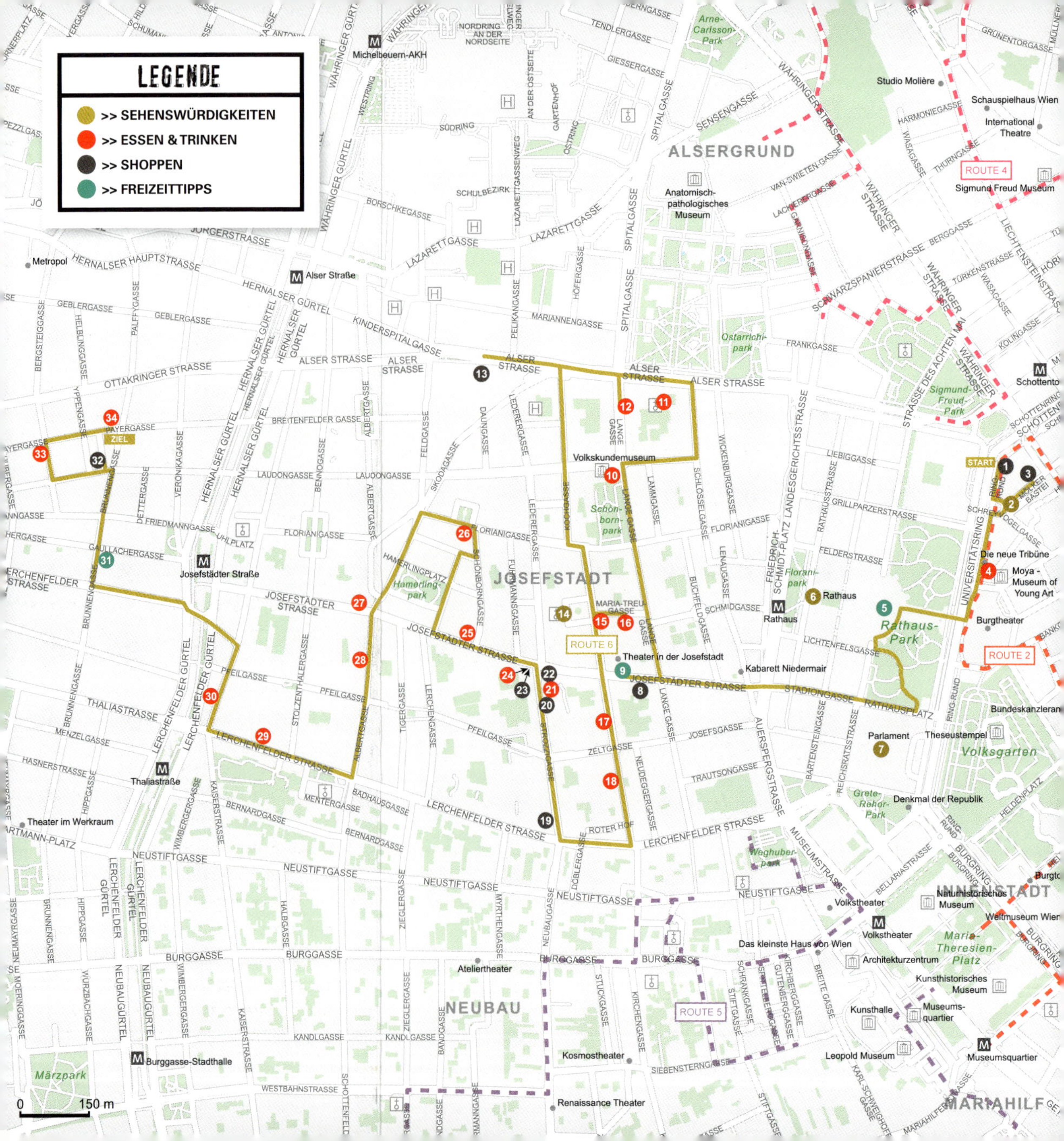
LEGENDE
>> SEHENSWÜRDIGKEITEN
>> ESSEN & TRINKEN
>> SHOPPEN
>> FREIZEITTIPPS
ALSERGRUND
JOSEFSTADT
NEUBAU
INNENSTADT
MARIAHILF
START
ZIEL
ROUTE 2
ROUTE 4
ROUTE 5
ROUTE 6
Rathaus
Parlament
Die neue Tribüne
Moya - Museum of Young Art
Burgtheater
Theater in der Josefstadt
Kabarett Niedermair
Volkskundemuseum
Theseustempel
Sigmund Freud Museum
Schauspielhaus Wien
International Theatre
Studio Molière
Anatomisch-pathologisches Museum
Michelbeuern-AKH
Alser Straße
Josefstädter Straße
Thaliastraße
Burggasse-Stadthalle
Metropol
Theater im Werkraum
Ateliertheater
Kosmostheater
Renaissance Theater
Volkstheater
Das kleinste Haus von Wien
Architekturzentrum
Kunsthalle
Museumsquartier
Leopold Museum
Kunsthistorisches Museum
Naturhistorisches Museum
Weltmuseum Wien
Maria-Theresien-Platz
Denkmal der Republik
Bundeskanzleramt
Schottentor
Volksgarten
Rathaus-Park
Schönbornpark
Hamerlingpark
Floraniipark
Sigmund-Freud-Park
Arne-Carlsson-Park
Ostarrichipark
Weghuberpark
Grete-Rehor-Park
Märzpark
ALSER STRASSE
JOSEFSTÄDTER STRASSE
LERCHENFELDER STRASSE
BURGGASSE
NEUSTIFTGASSE
UNIVERSITÄTSRING
WÄHRINGER STRASSE
HERNALSER GÜRTEL
LERCHENFELDER GÜRTEL
0 150 m

BESCHREIBUNG ROUTE 6 (ca. 7,7 km)

Beginne den Spaziergang mit dem Kauf eines guten österreichischen Weins 1. Biege links in die Mölker Bastei ein und laufe ein Stück an der alten Stadtmauer 2 entlang, bis du zu Demmers Teehaus 3 kommst. Gehe dann zurück zum Universitätsring, wo du links ein schickes Café 4 besuchst. Biege an der Ampel rechts ab in Richtung des Rathauses 5 6. Biege vor dem Gebäude links ab und spaziere durch den Park zum Parlament 7. Vor diesem Bau geht es rechts in die Stadiongasse. Wenn du die geschäftige, breite Straße überquerst, gelangst du zur Josefstädter Straße 8 9. Gehe zurück und biege in die Lange Gasse ein. Du passierst den Schönbornpark. Gehe eben in der Laudongasse links in ein nettes Bistro 10. Laufe dann zurück auf der anderen Seite der Laudongasse weiter und biege links in die Schlössegasse ein. Am Ende der Straße gibt es ein kleines Café 11. Gehe links in die Alser Straße ein und dann direkt wieder links in die Lange Gasse bis zu einer Konditorei 12. Spaziere zurück zur Alser Straße und laufe diese entlang bis zum 's Fachl 13. Gehe zurück zur Kochgasse und spaziere diese hinunter bis zur Florianigasse. Überquere diese und gehe weiter in die Piaristengasse. Du kommst zum Platz mit der Piaristenkirche 14 und einem italienischen Restaurant 15. Kehre in der Maria-Treu-Gasse in einem französischen Café 16 ein und laufe zurück bis zur Piaristengasse, überquere die Josefstädter Straße und gehe weiter, bis du zu einem besonderen Stadt-*Heurigen* 17 gelangst. An der Kreuzung gehst du geradeaus zu einem asiatischen Restaurant 18. Gehe weiter zur Lerchenfelder Straße und biege rechts ab zum Gummistiefelgeschäft 19. Gehe in die Strozzigasse zu einer besonderen kleinen Boutique 20 und iss eine Torte bei Viola 21. Zurück auf der Einkaufsstraße biege rechts ab 22. Spaziere zurück zu einem italienischen Schuhgeschäft 23 und zu Kaffeemodul 24. Nach der Bar Hold 25 geht es rechts in die Kupkagasse. Am Ende biege rechts und gleich wieder links 26 ab. Folge der Skodagasse bis zur Josefstädter Straße, wo an der Ecke ein typisch österreichisches Café liegt 27. Gehe geradeaus in die Albertgasse und lege eine Pause für ein Törtchen 28 ein. Spaziere die Lerchenfelder Straße hinunter zum persischen Restaurant Pars 29. Biege rechts in die Blindengasse ein und du entdeckst ein nettes Restaurant 30. Gehe die Blindengasse hinunter und biege links in die Sanettystraße ein. Überquere den belebten Lerchenfelder Gürtel zur Neulerchenfelder Straße. Biege die erste Straße rechts ab und laufe zum Brunnenmarkt 31. Am Ende des Markts findest du den trendigen Yppenplatz 32 33 34.

SEHENSWÜRDIGKEITEN

(2) Die alte Stadtmauer, die bis zum 18. Jahrhundert das Zentrum umgab, wurde fast vollständig abgerissen. Nur an der **Mölker Bastei** ist ein kleines Stück der alten Mauer erhalten geblieben. Das Wort *Mölker* ist Dialekt für Milch und bezieht sich auf das Kloster Melk, das hier ein großes Haus besaß. Auf dem Platz steht ein Denkmal zum Gedenken an den Bürgermeister von Liebenberg, während dessen Amtszeit 1680 der Sieg über die Türken gelang. Oben auf dem Denkmal siehst du Viktoria, die Göttin des Siegs.

U-Bahn U2 Schottentor

(6) Das **Rathaus** ist das eindrucksvollste Gebäude der Ringstraße. Es wurde 1883 fertiggestellt und ist von der flämischen Gotik inspiriert. Du kannst durch die sieben Innenhöfe spazieren oder an einer Führung teilnehmen, um die überwältigenden Innenräume zu besichtigen. Auf dem Rathausplatz ist immer etwas los: Im Winter gibt es einen Weihnachtsmarkt mit einer riesigen Schlittschuhbahn, im Sommer finden sich hier Essensstände und eine Großbildleinwand mit Konzertaufnahmen.

Friedrich-Schmitz-Platz 1, Tel. 0152550, offene Führung Mo, Mi & Fr 13.00 Uhr, Eintritt und Führung frei, U-Bahn U2 Rathaus

(7) Theophil von Hansen ist der Architekt des **Parlaments** (1883). Er entwarf es im griechischen Stil mit vielen Säulen. Dadurch wollte er betonen, dass er ein Fürsprecher der griechischen Ideale der Demokratie war. Bis 1918 tagte hier die kaiserliche Regierung, heute ist es der Sitz der nationalen Regierung.

Doktor-Karl-Renner-Ring 3, www.parlament.gv.at, Tel. 01401102400, Mo–Fr 8.00–19.00, Sa 10.00–18.00 Uhr, Führung 5 €, U-Bahn U3 Volkstheater

(14) Die weiße **Piaristenkirche** wurde 1753 erbaut und ist vor allem für ihre Orgel und ihre Akustik berühmt. Hier hatte der Komponist Anton Bruckner seine Aufnahmeprüfung für die Musikhochschule. Sein Prüfer kommentierte: „Sie müssen eigentlich mich beurteilen, nicht ich Sie." Beachte die Deckenfresken.

Jodok-Fink-Platz, www.mariatreu.at, Mo, Mi & Fr 9.00–11.00, Mi 16.00–18.00 Uhr, Eintritt frei, U-Bahn U2 Rathaus

7

FUHRMANNSGASSE
STANDORT
JOSEFSTÄDTERSTRASSE
FLORIANIGASSE
IN DER FUHRMANNSGASSE
STANDEN DIE EINKEHRGAST-
HÖFE DER FUHRWERKER
J. Schmid
HAUS ZUM RUNDELL
ERBAUT 1721 von JOH
GEORG TRAUTINGER
8., Fuhrmannsgasse
8., Florianigasse

11

1

11

ESSEN & TRINKEN

(4) Durch eine teure Renovierung hat das **Café Landtmann** viel von seinem authentischen Charme verloren, aber es bleibt ein beliebter und etwas teurer Treffpunkt für Schauspieler des benachbarten Burgtheaters und Politiker. Sigmund Freud war hier ein regelmäßiger Gast und bestellte immer Kaffee mit Gugelhupf. Vom großen Wintergarten vor dem Café aus hat man einen herrlichen Blick auf den Rathausplatz.
Universitätsring 4, www.landtmann.at, Tel. 0124100120, tgl. 7.30–22.30 Uhr, Melange 5,90 €, U-Bahn U3 Herrengasse

(10) Das Gartencafé lädt Museumsbesucher und Gäste zum Frühstück ein. Im **Hildebrandt Café** im Volkskundemuseum sitzt du an alten Schulbänken. Durch die vielen Pflanzen, frischen Blumen und das Vintage-Interieur fühlt man sich sofort heimisch. Die Speisekarte ist umfangreich und alles ist biologisch.
Laudongasse 15–19, www.hildebrandt.cafe, Tel. 014068905, Di & Sa 10.00–18.00, Mi–Sa 10.00–23.00 Uhr, Cappuccino 3,50 €, U-Bahn U6 Josefstädter Straße

(11) **People On Caffeine** (POC) liegt ein wenig versteckt in einem Teil der Alserkirche im 8. Bezirk. Klein und gemütlich ist es und alles wird mit Leidenschaft und Können zubereitet. Genau darum geht es hier. Der Besitzer hat einige Zeit in Amsterdam gelebt und spricht recht gut Niederländisch. Spezialität des Hauses: ein leckeres Stück Kuchen und ein altmodischer Filterkaffee.
Schlösselgasse 21, FB poccafe, Mo–Fr 8.00–17.00 Uhr, Cappuccino 3 €, U-Bahn U2 Schottentor-Universität

(12) Liebhaber von *Something sweet mon amour* (so das Motto) müssen unbedingt das **Crème de la Crème** besuchen. Diese kleine Konditorei überzeugt mit köstlichen Süßigkeiten: Zitronenkuchen, Makronen, Mini-Schokoladenmousse ... Du kannst ein süßes oder herzhaftes Frühstück bestellen. Die Frühstückskarte ist begrenzt, aber alles schmeckt großartig.
Lange Gasse 76, cremedelacreme.at, Tel. 06602833769, Di–Fr 9.00–18.00, So 10.00–17.00 Uhr, Melange 3,30 €, U-Bahn U2 Schottentor

(15) Im stimmungsvollen **Il Sestante** kommen die Pizzen aus dem Steinofen. Wenn es voll ist, musst du vielleicht etwas länger auf dein Essen warten. Der Besitzer entschuldigt sich dann persönlich und bietet dir noch ein Glas Prosecco an. Bei schönem Wetter kannst du auf der Terrasse bei der Piaristenkirche sitzen.
Piaristengasse 50, www.sestante.at, Tel. 014029894, tgl. 11.30–23.30 Uhr, Pizza 10 €, U-Bahn U2 Rathaus

(16) Im **Café der Provinz** fühlt man sich wie in einem französischen Dorfcafé. Es herrscht eine angenehme Atmosphäre und die Speisekarte ist voller Leckereien. Du genießt köstliche Crêpes, die mit Bio-Produkten zubereitet werden. Der örtliche Eierbauer liefert die Eier persönlich auf seinem Fahrrad aus. Außerdem gibt es eine umfangreiche Teekarte und am Wochenende lockt ein Frühstücksbüfett.
Maria-Treu-Gasse 3, www.cafederprovinz.at, Tel. 019442272, tgl. 8.00–23.00 Uhr, Crêpe 6 €, U-Bahn U2 Rathaus

(17) In den Hügeln rund um Wien gibt es unzählige *Heurigen*, die oft an der letzten Bushaltestelle oder nach ein paar Kilometern Anstieg zu finden sind. **Weinstube Josefstadt** ist der einzige *Heurige* mitten in der Stadt. Es ist ein echter Geheimtipp, denn sonst würde man an der dunkelgrünen Tür einfach vorbeigehen. Doch dahinter liegt eine Oase der Ruhe in einem wunderschönen Garten. Hier kann man im Sommer entspannen und einen guten österreichischen Wein mit traditionellen Kleinigkeiten genießen.
Piaristengasse 27, www.weinstube-josefstadt.at, Tel. 014064628, April–Nov. tgl. 15.00–24.00 Uhr, Glas Wein 2,20 €, U-Bahn U6 Josefstädter Straße

(18) Bei **Es gibt Reis** wird würziges Streetfood aus Südostasien serviert. Die Karte ist in kleine (z. B. Edamame), mittlere (z. B. Fischfrikadellen) und große Gerichte (z. B. gegrillter Schweinebauch mit Papayasalat und Klebreis) unterteilt. Zum Mittagessen kannst du aus preiswerten Mittagsmenüs wählen. Tipp: Pad Thai.
Piaristengasse 15, FB esgibtreiswien, Tel. 018905587, Di–Do 17.00–23.00, Fr 17.00–24.00 Uhr, Hauptgericht 10 €, U-Bahn U2 Rathausplatz

(21) Inhaberin Viola interpretiert in ihrem gleichnamigen Bistro **Viola** alte Desserts neu. Sie gibt ihnen neuen Pep und serviert auch Mittagessen, Kaffee und Wein. Samstags bietet sie ein köstliches Brunchbüfett mit einer großen Aus-

fe
bäcke

wahl an Brot, Salaten, Gemüse, Müsli und vielem mehr. Das Bistro ist stilvoll eingerichtet, ein Pflanzendruck bildet den Blickfang an einer Wand und an der großen Theke sind alle Leckereien ausgestellt.
Strozzigasse 42, www.viola.wien, Tel. 066475442881, Di & Do–Sa 9.00–18.00, Mi 9.00–14.00 Uhr, Melange 3,50 €, U-Bahn U6 Josefstädter Straße

(24) Dieses kleine Café ist ideal für einen schnellen Kaffee. Nimm noch einen extra mit, wenn du die Gegend erkundest. Die Kaffeekarte ist begrenzt und der Kaffee ist fair gehandelt und *slow*. Der Name **Kaffeemodul** bezieht sich auf das modulare Interieur. Hier gibt es keinen Schnickschnack, nur die Leidenschaft für Kaffee.
Josefstädter Straße 35, kaffeemodul.at, Tel. 06802228039, Mo–Fr 7.30–17.30, Sa 10.00–14.00 Uhr, Melange 3,20 €, U-Bahn U2 Rathaus

(25) Das kleine italienische Café **Hold** serviert den ganzen Tag über einfache Gerichte. Das Tagesmenü wird auf einer Kreidetafel neben der offenen Küche angezeigt. Wenn du lieber eine Kleinigkeit möchtest, bestelle Kuchen oder Tiramisu mit einem extrastarken Espresso. Am Abend ist das Hold ein Kneipencafé für ein gutes Glas Chianti.
Josefstädter Straße 50, www.hold.wien, Tel. 014051198, Mo–Fr 8.00–13.00 Uhr, Mittagsgericht 9 €, U-Bahn U6 Josefstädter Straße

(26) Das **Café Florianihof** ist ein lebendiges Wiener Kaffeehaus mit elegantem Jugendstildekor. Die Gerichte sind schmackhaft und preiswert. Du kannst zwischen Risotto, Curry, Salate oder traditionellen österreichischen Gerichten wählen.
Florianigasse 45, www.florianihof.at, Tel. 014024842, Mo–Fr 7.30–22.00, So 9.00–19.00 Uhr, Mittagsmenü 8,80 €, U-Bahn U6 Josefstädter Straße

(27) Als Karl Hummel 1935 diese Gaststätte übernahm, wollte er sie in ein unvergessliches Café verwandeln. Inzwischen leitet seine Enkelin das **Café Hummel**, das sich zu einem Phänomen im Viertel entwickelt hat. Es kommen Studierende, Großväter mit ihren Enkeln, Familien und Freundeskreise. Jeder wird von einem freundlichen Kellner in einem eleganten schwarzen Anzug bedient. Die Speisekarte ist typisch österreichisch. Im Sommer sitzt man auf der schönen Terrasse.
Josefstädter Straße 66, www.cafehummel.at, Tel. 014055314, Mo–Fr 7.00–23.30, Sa–So 8.00–23.00 Uhr, Melange 3,80 €, U-Bahn U6 Josefstädter Straße

(28) Die Torten von **CupCakes** sehen so schön aus, dass sie zum Essen fast zu schade sind. Dir sind die Oreo- oder Schokoladen-Cupcakes zu süß? Dann probiere die Cupcakes mit würzigem Lachs oder mit Balsamico und Minze. In der Bäckerei nebenan kannst du zusehen, wie alles von Hand gemacht wird.
Albertgasse 17, www.cupcakes-wien.at, Tel. 017261089, tgl. 15.00–18.00 Uhr, Muffin 3,90 €, U-Bahn U6 Josefstädter Straße

(29) Fan von persischem Essen? Dann ist das bei Touristen noch nicht so bekannte Juwel **Pars** ein Muss. Bei den Einheimischen ist es längst beliebt. Der Duft von Safranreis, gegrilltem Hähnchen und gegrilltem Gemüse empfängt dich am Eingang. Man spürt sofort die gemütliche, geschäftige persische Atmosphäre. Die Portionen sind groß und sehr erschwinglich.
Lerchenfelder Straße 148, www.pars.at, Tel. 014058245, Mo–Sa 11.00–23.30 Uhr, Mittagsgericht 10,50 €, U-Bahn U6 Thaliastraße

(30) **Das Kleine Paradies** verzaubert schon von außen. Das Restaurant in einem ehemaligen Schreibmaschinenladen ist mit Holz, gemütlichen Sitzgelegenheiten und einer goldenen Theke eingerichtet. Die Speisekarte wechselt regelmäßig und man kann fast alle Gerichte teilen. Eine Adresse für mittags und abends.
Blindengasse 3, daskleineparadies.at, Tel. 06643882387, Di–Fr 11.30–14.30 & 17.00–22.00 Uhr, Pasta 11,50 €, U-Bahn U6 Thaliastraße

(33) Die großen Fenster des Restaurants **Wetter** erinnern an den alten Waschsalon, der früher hier war. Die Einrichtung ist nüchtern und sauber, mit einigen Akzenten wie den gepolsterten Fensterbänken und Textdrucken auf den Tischplatten. Hier wird wunderbar gekocht und die Speisekarte wechselt täglich.
Payergasse 13, FB restaurantwetterwien, Tel. 014060775, Do–Fr 17.00–23.00, Sa 10.00–15.00 Uhr, Preis 10 €, U-Bahn U6 Josefstädter Straße

(34) Das italienische Restaurant **Dolce Lago** ist bekannt für sein Frühstücks- und Brunchbüfett. Das Frühstücksbüfett gibt es nur an Wochentagen, das Brunchbüfett nur am Wochenende. Du kannst hier auch abends einen Cocktail oder ein italienisches Gericht genießen. Der Innenraum ist schön, geräumig und hell.
Payergasse 10, www.dolcelago.at, Tel. 019574795, Mo–Do 8.00–24.00, Sa 9.00–2.00, So 9.00–24.00 Uhr, U-Bahn U6 Josefstädter Straße

CAFE HUMMEL
27
CAFÉ RESTAURANT
Hummel
seit 1935
Julius Meinl

GINGER FIZZ €4,80
PROSECCO
mit APFEL-ERDBEER
INGWER-HONIG-LIMO
ZITRONENLIMO 0,25 €2,10
0,5 €3,20
Flasche 0,33 STIEGL

SHOPPEN

(1) Die Wiener sind stolz auf ihre regionalen Weine, deshalb findest du österreichische Weine auf den Speisekarten aller Restaurants und Cafés. Die beliebtesten sind *Grüner Veltliner* und *Blaufränkisch*. Bei **Wein & Co** kannst du eine Vielzahl regionaler Weine probieren und kaufen. Wein & Co hat mehrere Filialen; diese befindet sich über einem großen Restaurant.
Universitätsring 12, www.weinco.at, Tel. 057063141, Mo–Mi 10.00–24.00, Do–Sa 10.00–1.00, So 11.00–22.00 Uhr, U-Bahn U2 Schottentor

(3) Bei den vielen Kaffeehäusern vergisst man beinahe, dass in Wien auch viel Tee getrunken wird. In **Demmers Teehaus** gibt es nicht weniger als 300 verschiedene Teesorten. Hier werden auch schöne Teekannen, Siebe und Geschirr angeboten. Im ersten Stock dieses Ladens befindet sich eine Teestube.
Mölker Bastei 5, www.tee.at, Tel. 015335995, Mo–Fr 9.00–18.00, Sa 9.30–13.00 Uhr, U-Bahn U2 Schottentor

(8) In der kleinen Boutique **Mala** findest du schöne skandinavische Marken wie Munthe und Filippa K. In dem stilvoll eingerichteten Geschäft berät dich die freundliche Besitzerin persönlich.
Josefstädter Straße 17, www.mala-wien.at, Tel. 014030831, Mo–Fr 10.00–18.00, Sa 10.00–14.00 Uhr, U-Bahn U2 Rathaus

(13) Im **'s Fachl** kann man für 10 Euro pro Woche ein *Fachl* (eine leere Obstkiste) mieten und Selbstgemachtes verkaufen: von Marmeladen bis zu Postkarten. Der Schwerpunkt liegt auf biologischen, handwerklichen und regionalen Produkten.
Alser Straße 43, www.fachl.at, Tel. 06608910902, Mo–Fr 9.00–18.00, Sa 10.00–16.30 Uhr, U-Bahn U6 Alser Straße

(19) Regenmäntel und Stiefel müssen nicht langweilig sein. Das beweist das bunte **Gummistiefelhaus**. Das Sortiment umfasst mehr als 600 verschiedene Gummistiefel und Regenmäntel, von schicken, bequemen Regensandalen bis hin zu hochhackigen Stiefeln. Ab heute kannst du dem Regen mit Stil trotzen!
Strozzigasse 1, www.gummistiefelhaus.com, Tel. 014026592, Mo–Fr 15.00–18.00, Sa 10.00–17.00 Uhr, U-Bahn U3 Volkstheater

(20) Mit ihrer Kleidergröße 42 hatte die Inhaberin Gaby stets Schwierigkeiten, schöne, elegante und stilvolle Kleidung zu finden. Deshalb eröffnete sie ihr eigenes Geschäft **Stor**. Hier verkauft sie Kleidung, hauptsächlich von tollen skandinavischen Marken. Eine perfekte Adresse für Frauen mit größerer Kleidergröße.
Strozzigasse 38, www.storstore.at, Tel. 069919415910, Mo–Fr 11.00–18.00, Sa 10.00–14.30 Uhr, U-Bahn U6 Josefstädter Straße

(22) **muso koroni** ist sowohl ein Onlineshop als auch eine Boutique auf der Josefstädter Straße und vertreibt über 50 vegane Marken. Von der Unterwäsche bis zu Accessoires findest du nur hundertprozentig vegane Produkte. Eigentümerin Jasmin will zeigen, dass vegane Mode auch hip und trendy sein kann. Und das gelingt ihr großartig.
Josefstädter Straße 33, www.muso-koroni.com, Tel. 014024770, Mo–Fr 10.00–18.30, Sa 10.00–15.00 Uhr, U-Bahn U2 Rathaus

(23) Einige Schuhe bei **SI Scarpe Italiane** sind so exklusiv, dass von ihnen nur sechs Paar weltweit hergestellt werden. Der freundliche Besitzer kauft einen Teil seiner Kollektion bei kleinen italienischen Designern, wie Rose's Rose. Neben einzigartigen Designerschuhen bietet das Geschäft auch schöne Stiefel, Ballerinas und Schuhe mit Keilabsatz. Wenn du Schuhe liebst, solltest du dir dieses Geschäft nicht entgehen lassen.
Josefstädter Straße 35, FB siscarpe, Tel. 069919021702, Mo–Fr 10.00–19.00, Sa 10.00–17.00 Uhr, U-Bahn U6 Josefstädter Straße

(32) Das Delikatessengeschäft **Staud's** ist das Erste, was man sieht, wenn man vom Brunnenmarkt auf den Yppenplatz kommt. Im Laden findest du Dutzende von Chutneys und Marmeladen sowie eingelegtes Gemüse, alles hausgemacht.
Schellhammergasse 15, www.stauds.com, Tel. 0140688050, Di–Sa 8.00–12.30, Fr 8.00–12.30 & 15.30–18.00 Uhr, U-Bahn U6 Josefstädter Straße

FREIZEITTIPPS

(5) Es ist nicht einfach, ein Foto vom Rathaus zu machen. Auf dem großen Platz davor, dem **Rathausplatz**, ist immer etwas los. Sei es der traditionelle Weih-

9

20

32
STAUD'S
WIEN
WÜRZIGER
KNOBLAUCH
STAUD'S
WIEN
KLEINE
GÜRKCHEN

32
ÖSTERREICHISCHE SPARKASSE
BURGTHEATER
PARLAMENT
VOLKSGARTEN
THESEUSTEMPEL, KHM, VOLKSGARTEN
MAK – ÖSTERREICHISCHES MUSEUM FÜR ANGEWANDTE KUNST
NATURHISTORISCHES MUSEUM
STAUD'S
WIEN
NATURHISTORISCHES MUSEUM WIEN
Venus von Willendorf
SPANISCHE HOFREITSCHULE
HOFBURG
JOHANN STRAUSS, STADTPARK
WIENER STAATSOPER
UNIVERSITÄT WIEN
Wien

5

nachtsmarkt, der einen Monat vor Weihnachten beginnt, oder die kilometerlange Eislaufbahn im Februar: Er ist ein beliebter Ort für Einheimische und Touristen. In den Sommermonaten gibt es ein Sommerfestival mit Filmen von Opernaufführungen und im Frühjahr und Herbst finden verschiedene Veranstaltungen statt wie z. B. ein Erntefest, ein Fahrradfest und eine Veranstaltung der Feuerwehr.

Rathausplatz, www.wiener-rathausplatz.at, U-Bahn U2 Rathaus

⑨ Das **Theater in der Josefstadt** (1788) ist das älteste Theater Wiens, in dem auch heute noch Produktionen aufgeführt werden. Das klassische Interieur in Rot und Gold mit Kristalllüstern lässt vergangene Zeiten erahnen. Beethoven und Wagner dirigierten hier ihre Werke.

Josefstädter Straße 26, www.josefstadt.org, Tel. 0142700300, Mo–Fr ab 10.00, Sa–So ab 13.00 Uhr bis Vorstellungsbeginn, U-Bahn U2 Rathaus

(31) Der **Brunnenmarkt** ist nach dem Naschmarkt der größte Markt Wiens. Hier findest du keine Touristen, sondern Einheimische mit griechischen und türkischen Wurzeln. Der Markt atmet eine mediterrane Atmosphäre. Samstags geht es am lebhaftesten zu, dann kommen die Bauern der Region, um ihre Produkte zu verkaufen.

Brunnengasse, www.vienna.at/der-brunnenmarkt, Mo–Fr 6.00–19.30, Sa 6.00–17.00 Uhr, U6 Josefstädter Straße

WAS ES SONST NOCH GIBT

Wenn du den Routen in diesem Führer folgst, kommst du automatisch an den wichtigsten Highlights der Stadt vorbei. Doch es gibt eine Reihe von Orten und Sehenswürdigkeiten außerhalb dieser Routen, die auf jeden Fall einen Besuch wert sind. Im Folgenden werden sie kurz vorgestellt. Beachte dabei, dass einige vom Stadtzentrum nur schwer zu Fuß zu erreichen sind, aber mit öffentlichen Verkehrsmitteln gelangst du gut dorthin.

Ⓐ **Schloss Schönbrunn** ist das Sommerschloss von Kaiser Franz Joseph und Kaiserin Sisi. Dieses bombastische Rokokoschloss verfügt über 1441 Zimmer, von denen du rund 40 besichtigen kannst. Der Palast ist von wunderschönen Gärten umgeben. Im hinteren Teil der Gartenanlage liegt der Zoo Schönbrunn, der älteste Zoo der Welt: Er besteht seit 1752. Nimm dir einen ganzen Tag Zeit für einen Besuch von Schloss Schönbrunn.

Schönbrunner Schlossstraße 47, www.schoenbrunn.at, Tel. 01811130, tgl. Apr–Juni & Sep.–Okt. 8.30–17.30, Juli–Aug. 8.30–18.30, Nov.–März 8.30–17.00 Uhr, Eintritt ab 18 €, U-Bahn Schönbrunn

Ⓑ **Grinzing** ist ein hübsches Dorf mit kleinen Häusern am Rande von Wien. Es ist vor allem bekannt für seine *Heurigen*, in denen die Winzer ihre köstlichen eigenen Weine verkaufen. Hier sitzt du an großen Holztischen in einem Garten oder Innenhof, isst eine Mahlzeit vom Büfett und genießt in aller Ruhe das Wiener Leben.

Straßenbahn 38 Grinzing

Ⓒ Von Grinzing aus kannst du mit dem Bus zum **Kahlenberg** fahren. Ein langer, kurvenreicher Weg führt auf den Gipfel des Bergs. Von einem großen Plateau aus hast du eine wunderbare Aussicht über ganz Wien. Verpasse auf keinen Fall den Kletterpark: nicht nur ein Spaß für Kinder, sondern auch für Erwachsene!

Kahlenberg, www.waldseilpark-kahlenberg.at, Bus 38a Kahlenberg

Ⓓ Wien verfügt über zahlreiche Freibäder, die von April bis Mitte September geöffnet sind. Das **Krapfenwaldbad** ist das Schwimmbad Nummer 1. Es um-

fasst über vier Hektar und liegt wunderschön auf einem der Hügel, die die Stadt umgeben. Es gibt vier Becken, einen großen Spielplatz und eine riesige Rasenfläche. Vom Freibad aus bietet sich ein Blick über die ganze Stadt.

Krapfenwaldgasse 65–73, www.wien.gv.at, Tel. 013201501, Mai–Mitte Sep. Mo–Fr 9.00–19.00, Sa–So 8.00–19.00 (Mitte Mai–Aug. bis 20 Uhr), Eintritt 3 €, Bus 38a Kahlenberg

Ⓔ Das überwältigende **Belvedere** besteht aus zwei Barockpalästen und einem wunderschönen weitläufigen Garten. Das Untere Belvedere wurde 1717 gebaut und diente als Sommerresidenz und Bibliothek des Prinzen Eugenius von Savoyen. Hier findest du einen Ausstellungsraum für moderne Kunst. Das Obere Belvedere stammt aus dem Jahr 1722 und wurde für offizielle Anlässe genutzt. Es beherbergt die größte Gustav-Klimt-Sammlung der Welt, deren absolutes Highlight das vergoldete Gemälde *Der Kuss* ist. Neben dem Belvedere liegt der Botanische Garten mit über 9000 Arten von Pflanzen und Bäumen.

Rennweg 6, www.belvedere.at, Tel. 01795570, tgl. 10.00–18.00 Uhr, Eintritt 19 € (Kombiticket), U-Bahn Stadtpark/Karlsplatz

Ⓕ Das **Kunsthaus Wien** des Künstlers Friedensreich Hundertwasser erinnert an eine Attraktion im niederländischen Vergnügungspark Efteling. Die Wände und Böden sind uneben, die Keramikfliesen unregelmäßig und die Fassade ist bunt bemalt. Zwei Etagen des Museums sind dem vielfältigen Werk Hundertwassers gewidmet. Darüber hinaus gibt es wechselnde Ausstellungen anderer Künstler, hauptsächlich Fotografie. Wirf auch einen Blick auf das **Hundertwasserhaus** gleich um die Ecke: Der Künstler protestierte mit diesem Entwurf gegen das, was er als langweilige moderne Architektur empfand.
Untere Weissgerberstraße 13, www.kunsthauswien.com, Tel. 017120491, tgl. 10.00–18.00 Uhr, Eintritt 12 €, U-Bahn U3/U4 Landstraße

Ⓖ Der **Prater** ist ein drei Kilometer langer Park, in dem sich die Menschen bei schönem Wetter treffen. Hier befindet sich auch das Ernst-Happel-Stadion, in dem Fußballspiele ausgetragen werden. Auf der Westseite liegt der Wurstelprater mit einer gigantischen Kirmes. Hier steht die Wiener Ikone schlechthin: das *Riesenrad*. Dieses 1897 erbaute Riesenrad mit seinen fünfzehn knarrenden Holzgondeln ist auf jedem Bild von der Wiener Skyline abgebildet.
U-Bahn Praterstern

Ⓗ Die Einzigartigkeit Wiens liegt im Reichtum an Kultur und Natur. In den Sommermonaten kannst du dich in der **Alten Donau** abkühlen. Dieser Seitenarm der Donau ist der perfekte Ort, um einen Tag am Strand zu entspannen. Du kannst auch ein Boot mieten.
www.alte-donau.info, U-Bahn Alte Donau

Ⓘ Am Rande der Stadt befindet sich das Naturschutzgebiet **Lainzer Tiergarten**. Es wurde 1561 als Jagdrevier des Kaisers eingerichtet und ist heute ein beliebtes Erholungsgebiet. Hier leben Wildschweine und Rehe, die in der Regel im sicheren Abstand zu den Besuchern bleiben. Einige der schönen Wege durch den Wald sind ziemlich steil. Am meisten siehst du, wenn du den Spaziergang an einem der Tore, zum Beispiel dem Lainzer Tor, beginnst und an einem anderen Tor endest. Kehre unterwegs in einem der drei Restaurants ein.
Lainzer Tor: Hermesstraße, www.lainzer-tiergarten.at, tgl. 8.00–17.00 Uhr oder bis Sonnenuntergang, Eintritt frei, Straßenbahn 60 Hermesstraße und dann Bus 55a Lainzer Tor

Ⓙ Wenn du dich für Stadtentwicklung interessierst, lohnt sich ein Besuch im **Gasometer**. Vier große ehemalige Gasbehälter wurden in den 1990er–Jahren zu einem lebendigen neuen Stadtteil mit dörflichem Charakter umgebaut.
Guglgasse 6, www.wiener-gasometer.at, U-Bahn U3 Gasometer

Ⓚ Ein häufiger Tagesausflug führt von Wien nach **Bratislava**, der Hauptstadt der Slowakei. Von Wien Hauptbahnhof ist Bratislava in einer Stunde mit dem Zug zu erreichen. Oder du fährst mit dem Katamaran über die Donau. Die Abfahrt erfolgt vom Schwedenplatz und die Fahrt dauert 75 Minuten.
Zug: www.oebb.at, Hin- und Rückfahrt 16 €, Katamaran: www.twincityliner.com, Hin- und Rückfahrt Mo–Fr 60 €, Sa–So 70 €

Ⓛ Nordwestlich von Wien liegt **Stift Klosterneuburg**, ein Augustinerkloster mit einem der ältesten Weingüter Österreichs und einer besonderen Schatz- und Kunstsammlung. Der Platz rund um die Kirche bietet einen schönen Ausblick auf die Umgebung.
Stiftsplatz 1, Klosterneuburg, www.stift-klosterneuburg.at, Tel. 0122434110, tgl. Mitte Nov.–April 10.00–16.00, Mai–Mitte Nov. 9.00–18.00 Uhr, Eintritt 9 €, Bus 238 oder 229 von der U-Bahn U4 Heiligenstadt oder mit dem Rad über den Donauradweg

AUSGEHEN

Wien hat in Sachen Nachtleben viel zu bieten. Rund um den Schwedenplatz und in den U6-Bahnbögen am Gürtel liegen Lokale für jeden Geschmack. Im Prater gibt es eine Reihe großer Elektroclubs. Für eine gute Cocktailbar oder einen Nachtclub kannst du zum Ring gehen. Ein künstlerisches Publikum findest du in den Bars rund um die Gumpendorfer Straße und Neubaugasse, im Karmeliter und im MuseumsQuartier. Beim *Heurigen* in Grinzing trinkst du köstlichen Wein. Im Sommer wird der Donaukanal lebendig und die Terrassen im Burg- und Volksgarten sind äußerst charmant. Darüber hinaus ist Wien bekannt für seine Jazzszene, seine Kabaretttradition und seine Theater und natürlich für klassische Musik in monumentalen Sälen.

GESELLSCHAFT DER MUSIKFREUNDE
ANDSNES

REGISTER

SEHENSWÜRDIGKEITEN

ESSEN & TRINKEN

SHOPPEN

REGISTER

FREIZEITTIPPS

VERKEHR

IN GLEICHER REIHE

ISBN 978-3-7343-2021-7

ISBN 978-3-7343-2583-0

ISBN 978-3-7343-1878-8

ISBN 978-3-7343-2582-3

Happy time guide – mehr als ein Reiseführer!

Der happy time guide nimmt dich mit auf unterschiedliche Spaziergänge, auf denen du die Stadt in deinem eigenen Tempo entdeckst und den Lebensstil der Locals kennenlernst. Und das alles, ohne dich vorbereiten zu müssen! Alle Adressen sind persönliche Empfehlungen der Autoren, die in der Stadt leben. Mit inspirierenden Bildern und praktischen Ausklappkarten.

BRUCKMANN

www.bruckmann.de

ERSCHIENEN

ISBN 978-3-7343-2581-6

ISBN 978-3-7343-2576-2

ISBN 978-3-7343-2580-9

ISBN 978-3-7343-2579-3

ISBN 978-3-7343-2578-6

ISBN 978-3-7343-2577-9

IMPRESSUM

This edition is published by Bruckmann Verlag GmbH
in cooperation with »time to momo«.
Autorin: Lotte Lambin
Fotos: Marjolein den Hartog, Foto S. 87 links unten: Sofitel Vienna Stephansdom
Layout: Studio 100%, Oranje Vormgevers
Kartografie: Van Oort redactie en kartografie
Repro: MasterColors Media / LUDWIG:media

DEUTSCHE AUSGABE

Infanteriestraße 11a, 80797 München

Verantwortlich: Claudia Hohdorf
Übersetzung: Birgit van der Avoort
Redaktion: Susanne Maute
Korrektorat: Simona Fois
Satz: mcp concept GmbH
Repro: LUDWIG:media
Herstellung: Alexander Knoll
Printed in Slovenia by Florjancic

ISBN 978-3-7343-2720-9

★★★★★

Sind Sie mit diesem Titel zufrieden? Dann würden wir uns über Ihre Weiterempfehlung freuen. Erzählen Sie es im Freundeskreis, berichten Sie Ihrem Buchhändler, oder bewerten Sie bei Onlinekauf. Und wenn Sie Kritik, Korrekturen, Aktualisierungen haben, freuen wir uns über Ihre Nachricht an Bruckmann Verlag, Postfach 40 02 09, D-80702 München oder per E-Mail an lektorat@verlagshaus.de.

Unser komplettes Programm finden Sie unter www.bruckmann.de

Alle Angaben dieses Werkes wurden von der Autorin sorgfältig recherchiert und auf den neuesten Stand gebracht sowie vom Verlag geprüft. Für die Richtigkeit der Angaben kann jedoch keine Haftung übernommen werden, weshalb die Nutzung auf eigene Gefahr erfolgt. Insbesondere bei GPS-Daten können Abweichungen nicht ausgeschlossen werden. Sollte dieses Werk Links auf Webseiten Dritter enthalten, so machen wir uns die Inhalte nicht zu eigen und übernehmen für die Inhalte keine Haftung.

In diesem Buch wird aus Gründen der besseren Lesbarkeit das generische Maskulinum verwendet. Weibliche und anderweitige Geschlechteridentitäten sind dabei ausdrücklich mitgemeint, soweit es für die Aussage erforderlich ist.

Die Deutsche Nationalbibliothek verzeichnet diese Publikation in der Deutschen Nationalbibliografie; detaillierte bibliografische Daten sind im Internet über http://dnb.d-nb.de abrufbar.